フィールドワークってなんだろう

金菱清 Kanebishi Kiyoshi

JN178529

★——ちくまプリマー新書
471

目次 ＊ Contents

はじめに

「私は人に話を聞くことが苦手なのですが、フィールドワークできますか」。みなさんは人に話を聞くことは好きでしょうか。私は正直苦手です。けれどもフィールドの現場に出てさまざまな人に話を聞きます。そして苦手だけれども人に話を聞いていると、ワクワクします。生きている感じがします。

ある時、大学の講義で冒頭の質問がされました。「向いていない」と回答する人もいるかもしれませんが、私はマイクを握って即座に「そんなあなたこそフィールドワークに向いています」と返答をしました。私は「ひきこもりのフィールドワーカー」と公言することがあります。コミュ力が高く、人とお話をできる方が人の話を引き出すことができるように思うかもしれません。でもそんなことはありません。よく他の先生からも、あなたは寡黙《かもく》なのにこれだけの深い作品を出せますねと驚かれることがあります。

なので、本書を読んでみて、何かコミュ力が高まってお話ができるようになることを期待していたとしたら、残念ですが、本棚に返しましょう。

私は他の先生と共同で現地に行くことがありますが、他の先生はよくしゃべるなあという感想を持ちます。もちろんこれは誉め言葉ではなく、少し話し過ぎるというニュアンスです。しいて言えば私は「聞き上手」なだけなのです。これは自分がたくさんインタビューを受ける側になってわかりました。自分が話したい内容の佳境に入ってきたときに、じゃあそろそろ終わりましょうかと話が切られて、肝心の言いたいことが話せなかったことがたびたびありました。インタビューする側がその時に聞きたい質問だけ聞いて、私の話がある型に押し込まれているような気持ちになりました。

ですので、引っ込み思案なあなたでも聞き取りやフィールドワークの道が開かれることを宣言しておきたいと思います。

もうひとつの重要な点は、人に話を聞くことは圧倒的に面白いということです。この面白いという点と人とあまりコミュニケーションを取れないことは実は一致するのです。話上手だとペラペラ話してしまうので、聞きたいことは聞けるけども、それ以外の「余白」（話の遊びや深さ）が聞けていないことがあるのです。だいたい二時間くらい、その人がこだわったり、重要と思ったり迷ったりしていることに、じっと我慢して耳を澄ませます。

すると、少しの沈黙があって、そのあと大切な話をとつとつと語り始める瞬間があるのです。たとえてみると釣りに似ているかもしれません。初めからぐいぐい引っ張っていてはかかる魚も食いついてくれません。しかし我慢して待っていると引きが必ずやってきます。その意味ではペラペラ話す人は大切な何かを逃してしまうのです。ですので話下手はフィールドワークで重要なデータを拾ってくることに長《た》けており、有利に働くといってもいいでしょう。

ここで少し私自身のプロフィールを紹介しておこうと思います。なるべく短めにすませますが、興味のない方はこの部分は読み飛ばしていただいてもかまいません。

フィールド調査は生涯五、六本程度のテーマに限られてきます。これは量的調査と違います。量的調査はアンケートを集計していくので、いくつもの成果が期待できます。コスパがいいのです。しかも、いつ誰がどこでやっても同じ結果が得られるので自分を出す必要はありません。一方、フィールドワークは生身の人間を曝《さら》さなければならず、無色透明で幽霊のようにフィールドにたつことは不可能です。

私、金菱は一九七五（昭和五〇）年生まれです。現役の時にはすべての大学受験に失敗し、一浪して一九九五年、阪神・淡路大震災直後の大学受験でまぐれ合格します。志望だった心理学より社会学の方が面白く、自分の性に合っていることに気づき、社会学に進みます。ただし、親が小さな本屋を営んでいて、関西の下町の商店街で育った感覚からすれば、西洋の市民社会論的な社会学についていけませんでした。

そこで、日本のフィールドワークの地道な調査から理論を紡ぎだす先生に出会い、その後現在の研究へ続く「環境社会学」という分野を学びます。騒音問題に少し関心をもって卒論をだし、そのまま大学院へ進学します。その後、自転車で伊丹《いたみ》空港周辺をまわり当時日本最大の「不法占拠」地域にフィールドを得ます（第7章）。ここは在日コリアンの集生地区でもあったので、「ひやーこんなもやしっ子（当時はガリガリだったので）が調査できるの」と冷やかされながら叱咤《しった》激励を受け調査のいろはを現場（フィールド）から学びました。

二〇〇五年、時流に乗って社会学博士号を取得し、仙台にある大学の新設学科で最初の専任の教鞭《きょうべん》をとります。東北の遠野に関心があって遠野祭りの継承について関係者から聞き取りを行って（第1章）、仙台で再び巨大地震（いわゆる東日本大震災）に遭遇しました。阪神・淡路大震災の時に感じていた違和感から学生とともに東日本大震災の被災地を訪ね歩き、身の丈にあった震災体験の記録を集めました。その後専門を「災害社会学」へ移しました。

震災のフィールドでそれまでテーマになかった幽霊（第3章）や夢（第5章）といった生者と死者の関係を扱って研究しています。

念のため注意しておくと、本書は、フィールドワークや聞き取りのマニュアル的なものは一切書かれていません。それは他書に譲るとして、私の調査の経験から、豊かな視点からものを観られるようになるものにしたいと思っています。

第1章　ユニークな研究――キャラを立てるには

〝巨額な〟御花代

フィールドの世界では、調査する側が調査される側に食われてしまうことがしばしばあります。緊張感のなかでこういったゾワゾワする感覚を得ることは何物にも代えがたいものです。「はじめに」で紹介した震災の少し硬い話に入る前に、岩手県の遠野を調査した時の調査ノートを開いてみたいと思います。

遠野に雪が積もり、のどかだった田園風景は一変し、冬がそこまで近づいてきています。このあたりの伝統芸能である「しし踊り」の巻物に載っている演目すべてを映像で記録する事業の助成を受けている、しし踊り保存会という団体があります。この団体が今年一年の締めくくりとして踊り納めをすると聞き、見にいきました。

その演目は、「しめ縄踊り」というものです。この踊りは、唄は残っていても振付けなどの映像はもちろんのこと、踊りの絵も残されていないので、他の団体の踊り方を学んだり、自分たちで曲から創作するしか手段がありませんでした。そのため、解釈の仕方によって二種類の踊り方があり、どちらで踊るか、熱い議論が交わされました。「巻物」（楽譜）には「縄をとうて」と書かれていて、この「とうて」には、縄を「取って」という意味か、あるいは縄を「通って」という意味として採るのかのふたつの解釈が成り立ちます。ここで巻物と所作（行為）がずれるということが議論されていたのです。

三〇代の若い世代が長老を巻き込んでこれについて真剣に議論していました。彼らは、誰であっても物が言えるところがこの団体のいいところだと私に伝えてくれました。上意下達で硬直的に伝承されれば民俗芸能は自然になくなっていくと考えていたからです。

このような話を聞けたのも踊り納めの飲み会の席でした。家元では旧住居を開放してお酒がふるまわれます。保存会の会長からぜひ参加してくださいと言われ、一緒に調査をしていた同僚と相談して、何も持たずにお邪魔するのは申し訳ないということで、御花代（御祝儀）をふたりで三〇〇〇円ばかり包むことにしました。お祭りによっては氏名と金額を紙で貼りだすところがありますが、今回はしし踊りの演目の最中に御花を出した人全員の名前を読み上げられる形がとられました。

そこで事件が起こりました。事件といっても同僚と私だけの小さな大事件です。「〇〇様　右は一〇万円也」。「〇〇様　右は五万円也」……。大声で五〇名ほどの名前が次々に読み上げられていったのです。その金額の大きさを聞いて私たちは、穴があったらはいりたい気持ちになりました。三〇〇〇円というのは少なすぎると思ったのです。ずっと一〇万円台が続き、下がっても五万円です。

ただし私は聞いているうちに、これは少しおかしいのではないかと疑い始めました。というのも、本家が一〇万円を出すのはわからなくもありませんが、地元の郵便局長やJRの駅長が五万円も御花代として出すのは、金額としては大き過ぎるからです。もしかして単位を一〇倍に嵩上《かさあ》げし読み上げているのではないかと推察して耳を澄ませていると、読みはあたりました。私たちの御花代の口上の番がまわってきたときに、確かに三万円と読み上げられたのです。

どうやら私の同僚は最後まで謎が解けなかったらしく、読み上げが終わってから私に「〇〇日報（地元の新聞社）でも三万円だしているのに三〇〇〇円ではまずかったんじゃないかな。私たち少なすぎたから読み上げられなかったん違う」と恥ずかしそうに耳元で囁《ささや》いてきました。私はそうだよねと彼女に歩調を合わせておきました。

あとで関係者に確かめると、送った方がいい気持ちになるように、一〇倍にして読みあげてほめたたえるのだと教えてもらいました。

「門立かどたてゝ、是ぞ目出たい白金しろかねの門♪」「その馬で朝草にききやう小萱《おがや》こがやを苅《か》りまぜて、花でかゞやく馬屋なり♪」。しし踊りの唄ではあらゆるものを誉めます。庭誉め、石段誉め、お宮誉め、館誉め、馬屋誉め、位牌《いはい》誉め……。掛け合いのなかで相手というものをよくみています。私たちもそういう感謝の対象だったのかもしれません。でも知らない人にとっては、逆に自分が小さく見えてしまう出来事でした。

フィールドの世界には虚実（ウソとホント）が混じっています。『遠野物語』に「馬千匹、人千人の賑《にぎ》はしさなりき」とあるように、遠野は、鉄道が敷設されるまでは物流の拠点であり古今東西いろいろなところから人や物資がやってきました。そのように民俗芸能も伝播していきますが、民俗芸能の記録は文字を書ける古老が行います。その中にはわざと間違えて記録するものができてきます。

民俗芸能はある種腕の競いあいで、神楽でも田植え踊りでも芸能の台詞《せりふ》の部分はあまり聞き取れないようにしゃべっている箇所があります。いいセリフを盗まれないようにするため、実際詠む順番はバラバラにしたり、関係者にしかわからないようにしているのです。本当は、デンデンデンと太鼓をたたくべきところをデデデと書いてあったりします。理解できる人がみれば、デデデと書かれてあればデンデンデンと叩《たた》ける。それによって、あそこの神楽はよいとなって、それが稼ぎとなるわけです。

先の御花代のように、フィールドの世界は調査する側が調査される側に食われてしまうことがしばしばあるのです。

モノを奮い立たせる技法

もうひとつ遠野の話をします。早池峰《はやちね》神社の本殿の片隅で普通の人には気付かない場所にコンセイサマ（金精・勢様）の祠《ほこら》がたっています。覗《のぞ》いてみると立派な男性の物（ブツ）が何体か立てられています。しかし、施錠がされてあったので、格子の外側から先ほどの同僚と写真を撮っていました。すると、一人のおじさんがひょこっと私たちの前にあらわれました。

一瞬怒られるのかと思ったのですが、おじさんは多少酔っぱらっていたのですが、コンセイサマのことを尋ねると、どこかの社長がこのコンセイサマによって会社が成功したと話し始めました。かなりのご利益が期待できるらしいのです。ただし、おじさんが語るには、あまりにもコンセイサマの勢いが強いものだから、施錠をして外にでないようにしているというのです。これを聞いた瞬間、私の中ではコンセイサマがカタカタ、ガタガタと音を鳴らして動き出したのです。そのようなリアリティを持ったのです。

普通に考えれば、施錠をする意味は、賽銭《さいせん》泥棒などの「外」から不審者の侵入を防ぐためです。しかし、彼が語りだした論理は、「内」からの勢いを沈めるための〝結界〟だったのです。この結界の存在によって、コンセイサマという物質的存在は精神的な存在として私たちの前に現れます。もし結界がなければ、動き出さない＝勢いがない、したがってご利益がないと感じてしまうでしょう。この内と外の逆転によって、コンセイサマは静から動へと勢いを伴ったものとして魂が込められたのです。

このおじさんはもうひとつ良い話をしてくれました。「ここの神様は一度の過ちなら許されるということで、訪れる人も多いみたいだよ」とおっしゃったのです。この話は、『遠野物語』にも出てくる早池峰の三山伝説を下敷きにしています。三山伝説は、三人の姉妹の女神の話です。三人のうち、蓮華《れんげ》の花が天から降ってきた者が早池峰の主になるという約束をして、姉妹は眠りにつきます。明け方近く、その花は姉の胸に降ってきました。ところが末の妹は寝ずに起きていて、姉に舞い降りた花を自分の胸の上においてて眠ったふりをします。朝起きて、「天の神様が私を早池峰の女神に選んだ」といって早池峰に飛びたちました。

おじさんが私たちに話してくれたのは、盗みをしたという事実ではなく、たとえ一度の過ちを人間が犯したとしてもまだ救いの手が差し伸べられるというものでした。この話に私は魅了されてしまいました。

私たちは〝意味的世界〟に生きており、フィールドである現場はこのような「物語」

に転換させる力に満ちています。意味的世界はわかりやすくいいかえると、本人がそう信じている世界です。ただし、第三者からみるとさっぱりわからないものです。今私の家には三歳児がいますが、食事の際にお皿の上を食材で埋めることが重要らしく、それを乱したりするとすごく怒ったりします。外からは理解できないように見えても、意味的世界が豊かに広がっていることがあるのです。

単なる「モノ」を生きた「もの」として立ち上げる物語性が現在も遠野に息づいている、そう思わせる出来事でした。

死に規定された〝幸せ〟の国

冒頭にこの話を持ってきたのには、私たちとは異なる世界に住む人のリアリティが圧倒的に面白いし濃密だからです。ともすれば、学生さんに自由に研究の関心を考えさせると、自分から〝半径五メートル〟の世界で完結するのではないかというぐらいSNSだとか友人関係とか身近な問題を考えがちです。それでは「井の中の蛙《かわず》」になってしまいます。文化人類学者によると、昔は自分とは違う異文化の世界に学生は目を輝かしていたけれども、今そういった世界の話をすると「よかった、日本に生まれて（暮らして）」という言葉が返ってくるそうです。なんでも揃《そろ》って不自由ない暮らしに満足しているからです。バックパッカーなどの学生の貧乏旅行も随分昔の話になりました。

日本に住む私たちとは異なった世界の話をしましょう。〝幸せ〟の国で有名なブータンを訪れたことがあります。そこでは、まるでどこかの時代にタイムスリップしたような錯覚におちいりました。このような地域がかつての日本にあったといってもおかしくないほどどこか懐かしい匂いがしました。

この国では大学も病院も基本的に無料です。北を中国、南をインドというどちらも一〇億人をゆうに超える指折りの超大国に挟まれたわずか七〇万人足らずの超小国。この世界を支えるのは、水力発電と水資源に悩むインドへの水の売却、当時一日二〇〇ドル（ホテル代、レストランでの食事代、ガイド・ドライバー代、レンタカー代）の海外観光客からの収入です。五歳から英語を学び皆バイリンガルです。家の壁には繁栄の象徴としてポー（男根）が立派に描かれています。

まるで井上ひさしが東北国の独立を描いた長編小説『吉里吉里人』の世界のようでした。秋に訪れた時には「風の谷のナウシカ」のように黄金色の稲原が天を焦がすように谷間にひろがっていました。

ツェチュというブータンの伝統的なお祭りを見学した際、たまたま居合わせた日本人ツアー客の声が聞こえてきました。ご年輩の方でなにやら怒っていました。トイレは一昔前の汲《く》み取り式で汚物に塗《まみ》れ、鼻をつく臭いがするし、お祭りはただ踊り手が舞っているだけの単調なもので飽きがきたようでした。日本の高度経済成長を経ておそらくは各国を巡ってきた諸先輩方の眼には、「幸福の国」というイメージとその現状がだいぶかけ離れていて、落胆した様子にみえました。

国民総幸福量（GNH）を尊重することで知られるブータンは、①持続可能で公平な社会経済開発、②ヒマラヤの自然環境の保護、③有形無形文化財の保護と推進、④よい統治、の四つを国の指針としています。一方、日本では国内総生産（GDP）が幸せを上回る尺度として採用されていて物質的豊かさを重視しています。日本とブータンでは価値が異なるのです。

ブータンは、先進国と同じ轍《わだち》を踏むまいと物質的豊かさとは異なるものさしで国の豊かさを考えたのです。この考えにたてば、先ほどのトイレを近代化することも、踊りをパフォーマティブに観光化することも幸せとは捉えられません。

この国は、意外に聞こえるかもしれないのですが、死によって生が成り立っているのです。先ほどのお祭りも、見て涙を流すブータンの老人がいます。それは、踊りが素晴らしいわけではなく、来世につながる道を示す、死後の予兆を目に映ずる形で再現しているからです。「死」は将来自らが体験することであるため、祭りを見る目は真剣そのものです。たとえば、閻魔《えんま》大王の裁きの再現では、欲にかられてその時だけを謳歌《おうか》する幸せは、悪業として認定されます。ツェチュの祭りは「見る功徳」と呼ばれるほど非常に有難いものなのです。踊りをエンターテイメントの観点から自分たちの文化としてみていたのでは決してわからない価値観でしょう。

異なる考えに出会う

ブータンの地方の農家を訪れた際、八五歳のジミー爺《じい》さんにお話を聞くことができました。民族衣装のゴがよく似合います。なんと毎日欠かさず一日七時間も早朝からお経を誦《よ》みます。そうすれば、死ぬことが怖くないし、生まれ変わりの際に地獄に落ちずにすむとのことでした。あとは老いて足腰が立たなくなる前に早く亡くなることだと、達観していました。

ブータンの人たちは死ぬ準備、正確には生まれ変わる手はずをお祭りを含めて小さいときから始めています。日本人のように死の宣告を受けてから死を考え始めるのではありません。死に慣らされているので、死に対する覚悟ができているのです。

死を悲しむことは、その死者を現世にとどまらせることになると彼らは考えます。よって、できるだけ泣かずにいます。火葬後遺灰が川に流され、遺骨を砕いて粘土に混ぜたツァツァと呼ばれる小さな塔を作って寺院などに納めます。そしてそれは自然にさらされ風化していきます。日本のように先祖はいないし、普通の人のお墓は存在しないし、お盆もありません。死者は帰ってこないのです。

できうる限り無駄な殺生《せっしょう》をしないため牛も蚊も殺しません。考え方の基本に輪廻転生《りんねてんしょう》が息づいています。お寺に馬で行けば楽ですが、もし馬に生まれ変われば重たい思いをするかもしれないので、馬には乗りません。自分で功徳を積むことが来世を決めるのです。

物質的な欲求は際限のない欲です。みなさんもお金さえあればこれも欲しいあれも欲しいと欲望が尽きないでしょう。それに対してブータンでは、仏教の中庸、そこそこの満足が生活のなかに密着しています。死後の世界が現世を規定しており、この世の一生という生まれてから死ぬまでの短い幸せを追求していないのです。この世の行いは、必ずしもこの世で結果がでるわけではありません。この世は輪廻転生のなかで単なる通過点にしかすぎません。

ブータン人と真剣に話をしながらそれまで想像もしていなかったさまざまなことを考えさせられました。フィールドの世界には、自分とは異なる絶対的な「他者」がいるということが大事になります。自分と同じ考えならば、調査やフィールドワークをする必要はありません。こんな人も世の中にはいるのかという驚きで私たちの狭い視野や世界観を開いてくれる魅力があります。この「絶対的な他者」についてもう少し踏み込んで考えていきたいと思います。

キャラ立ち

みなさんは「みうらじゅん」さんをご存じでしょうか。イラストレーター、エッセイスト、ミュージシャンなどどれと限定できないほど幅広く活躍されている方です。ゆるキャラという単語の生みの親といえばわかりやすいでしょう。みうらさんは、『いやげ物』（ちくま文庫）と『キャラ立ち民俗学』（角川文庫）という本を書いています。その内容を少し紹介して、先の「他者」について考えていきましょう。

「いやげ物」と対となる言葉は観光地で買う「土産物」です。この土産物のなかに、こんなもの誰が買うんだろうなというものがあります。それがいやげ物です。私の家にも、ご当地のド派手な掛け軸とか黄金のプラスティックの置物、持ったら熱くて飛び上がるような年寄り湯吞《ゆのみ》など「いやげ物」がありました。でもなぜこんなものを買ったのかと問われると答えに窮してしまうでしょう。

そこがポイントなのです。みうらさんの言い方をかりれば、これらは「キャラ立ち」しています。キャラクターが際立っているのです。

また、ミッキーなどのはっきりした有名なキャラクターの陰に隠れてしまい、握手もしてもらえないかわいそうな存在がゆるキャラといわれるものでした。そうした〝ゆるいキャラ〟であっても、「ゆるキャラ」という大きな枠があれば、堂々と生きていけるだろうと思ってゆるキャラと名付けたとみうらさんは明かしています。こうして「ゆるキャラ」もキャラ立ちしていくことになります。

ここには、フィールドワークと関連する重要な要素があります。

フィールドワークでは、〝平均化〟した人間像を想定していないほうがよいのです。ある対象を理解すれば、その背景にある集団となる何百人、何千人のことがわかるというような、代表性を考慮にいれることはありません。

そういった平均的な存在よりも、大きな枠から外れたニッチ（適応した特有の生息場所）な人々をすくいとり、その〝豊かな世界〟を明らかにすることがフィールドワークを行う理由です。みうらさんの言葉をかりれば、「キャラ立ち」した人に話を聞きにいくことになります。

社会学者の岸政彦《まさひこ》さんの話を紹介しましょう。学生が調査の実習をした際、たこ焼き屋の屋台を引いているおっちゃんに、いわゆる調査コード上の質問である「正社員か、契約社員か、アルバイト・パートか、無職か」と聞きました。すると、「わしは正社員や」と返ってきたのです。おっちゃんの解釈としては、「毎日一生懸命真面目に働いている人」という意味で正社員と答えたのでしょう。職業区分では自営業ですが、それを正社員と答える。ここにこのおじさんのキャラ立ちした部分があります。そして、このおっちゃんが正社員であるのは「事実」なのです。このようにして、人々の意味的世界に触れていくことが、フィールドワークの作法なのです。

さらには、フィールドワークは、その人の世界という個別性に近接することで、自分とは異なるもうひとつの社会像があるということを明らかにしていく営みといえるでしょう。この点についてはこれからの章でも言及していくことになるでしょう。

第2章　一つの例から全体を問いなおす――ブラックスワンを探せ！

ブラックスワン

現在、ネットという強い味方があり、ちょちょっとググればそれこそ寝ながら検索し、いろいろなことを調べることができます。それなのに、なぜ時間とお金をかけて苦労して調査をするのでしょうか。それを一言でいえば、「ブラックスワン」を探すためです。直訳すれば黒い白鳥。ホワイトスワンつまり普通の白鳥は、ネットで検索すれば、すぐに見つけ出すことができます。しかし、ブラックスワンは検索ではでてきません。

また、一羽でも黒い白鳥をみつけることができれば、白鳥はすべて白いとは言えなくなります。そのため、白鳥という概念そのものを考えなおす必要が生まれてきます。この概念を問いなおすほどのなにかを発見することが、苦労してフィールドワークする意味です。地道で苦労したデータを現場で拾い上げるフィールドワークは自らが持っている当たり前、難しい言葉でいえば「通念」を根本から問いなおします。それには若い感性を必要とします。

一例を挙げましょう。学生と編んだ金菱清編『呼び覚まされる霊性の震災学』（新曜社）の中では、工藤優花《ゆか》さんという学生さんが東北の被災地のなかでタクシードライバーから幽霊の話を聞き取ってきました。

大津波の現場では、幽霊に会った人に出会います。とりわけ、タクシーの運転手は幽霊に出会ってしまうことがいろいろとあったようです。

ある日の真夜中、お客さんを待っていると、夏なのになぜか冬服を着た三〇代くらいの女性がタクシーに乗り込んできました。行き先は？　と聞くと、「南浜（宮城県石巻市の地名）まで」と答えが返ってきました。運転手さんは不思議に思って、「あそこはもうほとんど（津波のせいで）更地ですけど大丈夫ですか？　どうして南浜まで？

コートは暑くないですか?」と聞くと、突然「私は死んだのですか?」と震えた声で答えてきたため、驚いた運転手さんが、「え?」とミラーから後部座席に目をやると、そこには誰も座っていませんでした。

寒気がしたでしょうか。幽霊に出会ったら、どう感じるでしょうか。もう勘弁してって首を横に振りながら二度と出てくるなって願うことでしょう。ところが、タクシー運転手さんの感想はそういったものではありませんでした。

最初はただただ怖かった。しばらくその場から動けなかったとのこと。けれど、今となっては別に不思議なことではなく、起こりうることのように思えます。理由としては、東日本大震災でたくさんの人が亡くなったから、この世に未練がある人だっていて当然だから。今はもう恐怖心というものはなく、また同じように季節外れの冬服を着た人がタクシーを待っていることがあっても乗せるし、普通の人と同じ扱いをする。ちなみに、このドライバーは震災で娘さんが他界しています。

この感想を聞き返すことができた点がフィールドワークにおけるポイントになります。アンケート調査は基本一回しか答えを聞けないので、その準備のために問いを突き詰めていきます。一方、インタビューの場合は、幽霊に出くわしたという話を聞いた際、その幽霊に対してどういうふうに思っているのかを聞き返すことができます。みなさんが親や兄弟、友達といった身近な対象に話を聞く際にもこうしたことは可能でしょう。当事者の言葉に対して疑問を持って再度質問を変えて聞き直すことができるのは、聞き取りの大きな利点になります。

その強みを活《い》かして、先ほどの幽霊とのやりとりとその幽霊に対するドライバーの反応を聞き取ったわけです。幽霊と出会い、怖かったという感想であれば、当たり前でわざわざ調べる必要はないでしょう。それはホワイトスワンと同じものだからです。一方、彼女が遭遇したものは、幽霊に対する「畏敬《いけい》の念」だったのです。この事実は、ブラックスワンになります。

この事実は、私たちの既存の死生観に変更を迫るものといえるでしょう。それまで宗教学では、死者は彼岸に送って、「さよなら」という形で別れる存在でした。それが乗客が幽霊であってもいつでもタクシーに乗せても構わないということは、即座に彼岸に送らないことを意味するからです。

もともと石巻地域で幽霊現象が目撃されていることについては、うわさも含めて夥《おびただ》しい数の報告がネット上にあがっていました。工藤さんは、その現象を調べようと、現地に赴くわけですが、調査の中では、とりとめもない話で終わったり、現地の方に怒鳴られたりと簡単にはうまくいきませんでした。それでも粘り強く調査を重ねていくと、タクシー運転手の方がかなりリアルな形で体験されていることがわかってきました。そこで指導教官である私はタクシーの運転手に絞って事例を集めてみるよう指示しました。そうして先のようなブラックスワンを見つけることができたのです。

もうひとつ、『呼び覚まされる霊性の震災学』からエピソードをあげてみましょう。

タクシー回送中に手を挙げている青年を発見してタクシーをとめると、マスクをした男性が乗車してきたが、恰好《かっこう》が冬の装いで、ドライバーが目的地を尋ねると、「彼女は元気だろうか？」と答えてきたので、知り合いだったかなと思い、「どこかでお会いしたことありましたっけ？」と聞き返すと、「彼女は……」と言い、気づくと姿は無く、男性が座っていたところには、リボンが付いた小さな箱が置かれてありました。ドライバーは未だにその箱を開けることなく、彼女へのプレゼントだと思われるそれを、常にタクシー内で保管しています。

先ほどのドライバーと同じように、これからも手を挙げてタクシーを待っている人がいたらそれが幽霊であっても乗せるし、たとえまた同じようなことがあっても、途中で降ろしたりなんてことはしないよとインタビューに答えています。さらには、いつかプレゼントを返してあげたいと回答しています。

ドライバーはこの幽霊に出会った話を良い思い出として家族や同僚にも話さず自分のなかだけで大切にしていました。では、なぜ家族や同僚にも話さない内容を調査者である工藤さんに話したのでしょう。

それは調査者自身の工夫と調査態度に大きく左右されていると言えます。もちろん上から目線に立って話を聞いても口を開くようなことはありません。

地元の人に怒られていた工藤さんは、はじめから聞き取りを行わず、海岸で釣りをしたり、ギターが得意だったので、石巻駅前のロータリーでギターの弾き語りなどをしながら、話をしてくれる人と距離を縮めていく努力をしました。そして、このようなブラックスワンにあたる情報を聞き取ることができたのです。

私が専門家や研究者よりも学生に信を置く理由は、この水準のデータを拾ってくることに長《た》けているからです。専門家や研究者はすぐに研究上の回答から推察してそれを現場に当てはめようとします。震災の現場でたくさんそういった事例をみてきました。そのような態度では、現場にいる人は口を噤《つぐ》んでしまいます。都合のよいデータのみが採用されて理論が作られる可能性があります。

専門家では必ずしも捉えられない「嗅覚」を学生は持っています。それは知識や偏差値とは関係ありません。現象それ自体を見て、従来の枠組みを壊したりずらしたりすることが、可能になるのは、余計な先入観を持っていないからといえるでしょう。

ミルクボーイの漫才の捉え方

この枠組みを壊したりずらすことの例として、ミルクボーイの漫才をみていきましょう。ミルクボーイは、ボケを担当する駒場孝《こまばたかし》さんと、ツッコミを担当する内海崇《うつみたかし》さんのコンビです。二〇一九年にM1グランプリで優勝したのでネタを知っている人も多いでしょう。もし見たことがない人はYouTubeでも簡単に見られます。

ネタはパターンが決まっていて、ボケ役の「いきなりですけど、うちのオカンがね……」と摑《つか》みから始まって、「あっ、そーなんや」と相槌《あいづち》を打つと、「オカンがその名前をちょっと忘れたらしくてね」と答えます。それに対して「わからへんの？　ほな俺がおかんの○○をちょっと一緒に考えてあげるからどんな特徴言うてたかを教えてみてよ」という形でいろいろ○○の特徴を相方から聞きだしていく漫才です。

「コーンフレーク」を扱った例を紹介しましょう。いつものように、「うちのオカンが好きな朝ごはんがあるらしいんやけど、その名前をちょっと忘れたらしくてね。まあいろいろ聞くんやけど、全然わからへんねんな」。「わからへんの？　ほな俺がおかんの好きな朝御飯、ちょっと一緒に考えてあげるからどんな特徴言うてたかってのを教えてみてよ」と詰め寄ります。

するとボケが「甘くてカリカリして、で牛乳とかかけて食べるやつやって言うねんな」と教えると、ツッコミは「おー、それはコーンフレークやないかい!!　その特徴はもう完全にコーンフレークやがな」という形でお悩み解決となります。

ところが、それで話は終わらずに意外な話に展開します。「いや俺もコーンフレークと思うてんけどな」「いやそうやろ？」「すぐわかったやん、こんなんもー」「でもこれちょっとわからへんのやな」「何がわからへんのよ」「いや俺もコーンフレークと思うてんけどな」「いやそうやろ？」ときて、ボケが「オカンが言うには、死ぬ前の最後の御飯もそれで良いって言うねんな」という一言から流れが変わります。「ほなコーンフレークと違うかあ、人生の最後がコーンフレークでええ訳ないもんね。コーンフレークはね、まだ寿命に余裕があるから食べてられんのよあれ」。

このように、あるものの特徴からこれに違いないと判断していきます。ただ、次に提示された新しい情報だと当てはまらないこととなり、話が微妙にずれていきます。

先ほどの続きでは、「なんであんなに栄養バランスの五角形デカイんかわからんらしいねん」というと、「それは、コーンフレークやないかい。パッケージに書いている五角形むちゃくちゃデカイんやからあれ。でも俺は、あれは自分の得意な項目だけで勝負してるからやと睨《にら》んでんのよ。俺の目は騙《だま》されへんよ。俺騙したら大したもんや」と再びコーンフレークの言葉に近づいていきます。

今度は「オカンが言うには、晩御飯で出てきても全然良いって言うねんな」「ほなコーンフレークちゃうやないかい。晩飯でコーンフレーク出てきたら、ちゃぶ台ひっくり返すもんね、コーンフレークはねー、まだ朝の寝ぼけてる時やから食べてられんのやで」という形でコーンフレークから再び離れていき、言葉の当てはめとズラシを繰り返すところに漫才の面白さがあります。

この「あてはめる」「ずらす」という点を、フィールドワーク調査では「同化作用」と「異化作用」という言葉に置き換えることができます。

同化作用と異化作用

同化作用とは、あるものや現象をストックしている知識に当てはめようとすることです。

それに対して異化作用は、あるものや現象を異なる角度から再解釈することを指します。すでにストックされた知識を揺さぶり、当たり前の考え方に疑問を投げかける働きがあります。仕入れた情報から再検討すると考えていた概念には当てはまらず、まだ検討の余地が残されているような状態をいいます。つまり、ミルクボーイの漫才は、この同化作用と異化作用の往復運動をものの見事に体現しているとも言えます。

ここで大切なことは、私たちの考え方の枠組みは、絶対的なものではなく、常に修正の機会に開かれているという点です。私たちは、マジョリティの意見を横目に、「しかしながら」という姿勢で調査に臨みながら、マイノリティの声に、大切な意味を付与していく必要があります。

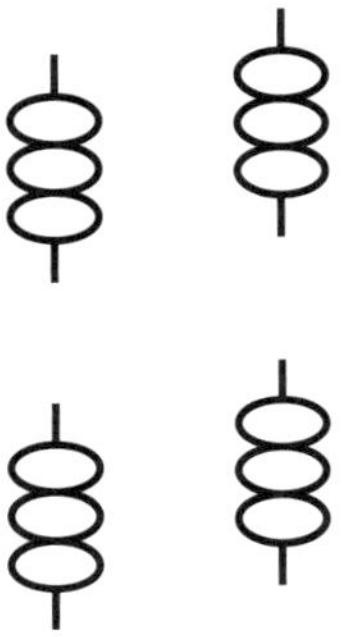

この作用を感じてもらうための問題を出してみましょう。上に○が三つと棒が上下にくっついたものが二セットあります。これは何に見えるでしょうか。人によっては三色団子が二つと答える人がいるかもしれませんし、東北地方だと玉こんにゃく、略して玉コンと答えるかもしれません。ちなみに東北の学生に聞くと全国に玉こんというものが売られていると思っています。中にはそろばんとみる人もいるかもしれません。このようにそれぞれの今ある知識にもとづいて同化作用を働かせます。

では、この図は、コアラが木に後ろからつかまって手足が正面から見えている様子を図にしたものといわれるとどう感じるでしょうか。そのような目でもう一度右上の図をみてください。不思議なもので人は一度ヒントが与えられるとそうとしか見られなくなる習性を持っています。これは社会調査のなかでは「背後期待」と呼ばれます。私たちは、素でものを見ているようなことはなく、何かの知識をもって物を見ています。事実以上に知識を被《かぶ》せて読み込んでしまうのです。

では次に左の図は何に見えるでしょうか。先ほどのコアラの答えを知っている人にとってみれば、コアラがつかまっているように見えるかもしれません。異化作用だったコアラが、今度は同化作用として働き、背後期待にしたがって見えてしまうのです。これは実はドラエもんの目を横から描いたものです。

このように同化作用と異化作用を繰り返しながら認識の枠組みを拡《ひろ》げていくことで世界を拡げることが社会調査の基本になってきます。

この同化作用と異化作用を感じてもらうための話をしましょう。次の文章は先に紹介した本が在庫不足で、記事をみた女性が、出版社に電話で在庫の問い合わせした際に話したものでした。

ある女性がこういう話をし始めたそうです。

「主人とタクシーを待っていて、いざ乗ろうとしたところ、なんでもないところでつまずいてしまった。あらあら、年かしら、と二人で乗り込んだところ、タクシーの運転手がいっこうに扉を閉めようとしないの。どうしたのかしら、と運転手さんの方に目を向けると、「連れの女

性は？」と聞くのよ。えー私たち二人だけよ、というと、そんなことはない、白い服を着て、細面の……と続ける運転手さんを主人が遮って、誰かいたのかもねーと言って、自宅を告げて、車を走らせたの。運転手さんは最後まで納得していないふうだったけど。でも、私たち夫婦には自宅に着く頃にはわかっていたの。それが亡くなった姉だということが……」

そうした経験から、この本の記事を見たときにどうしても読みたくなったそうです。実はこの種の問い合わせは私のところにもたくさんありました。東京のタクシー運転手や原発被災地に住む方、物理学会や霊現象の会、宗教関係者など職種や年齢を問わず海外からも問い合わせがありました。

岩手の高校に出張講義に行った時、校長先生とお話する機会がありました。その先生は幽霊が見えるらしく、よく高校で在学生たちが幽霊にあった話を先生に報告しにくるそうです。そのため、こうした幽霊の話が当たり前のものとして論考に掲載されて本になっていることがたいへん心強いと言われました。

普段ありえない現象として周りに理解してもらえないことが、本になったことで、知識として同化作用のように働いたといえるでしょう。

どこまで人間か

こうした経験から、私は東北の大学生の死生観が気になりました。そこで講義で「どこまで人間であるか」を尋ねてみました。選択肢には、本人の意識がない状態、脳死、心停止、火葬、お墓に入る、その他、に分けました。当初の予想では、脳死と心停止にわかれるのだろうと予想していたのですが、結果はとても意外でそれぞれわずか六%と七%にしか過ぎませんでした。何年か繰り返しアンケートを取っても同じ結果でした。

それを圧倒的に抑えて、火葬するまでが人間だという答えが四一%を占めました。その理由について、「意識がなくて心停止でもどこかしらの部分は動いていると思う。火葬まで人間は生きたいと心の底から思っていると考える」「葬式では棺に入れて、花を入れる時に顔を見るとまだ人間という感覚はある」「自分の祖母が亡くなったとき、初めて泣いたのが火葬で骨になったのを見た時で、人間の形を留《とど》めている間は、まだ人間として「在る」と思っている」などでした。

ちなみに「幽霊」の存在を信じると答えた割合は実に七〇％で、否定派の二九％を大きく上回りました。この結果を単純に考えれば、大学生なのに非科学的だと判断されるかもしれません。しかし、東北では東日本大震災を経験して、原発事故も含めて従来の科学的思考や既存の宗教観が揺らいだ人が多くいるでしょう。そのことと突き合わせると先の結果についても非科学的だと切り捨てることはできません。

狭義の科学的視点にたてば、死ねば単なるリン酸カルシウム（＝骨）になります。宗教的視点にたてば、彼岸の世界に行くことになります。通常、科学と宗教は齟齬《そご》がないように〝上手《うま》く〟できています。しかし、亡くなっても幽霊としてそこにあり続けるという状態は、科学でも宗教でもないありかたです。こうした考え方は、私たちに死に関する異化作用をもたらすでしょう。学生さんたちの回答は、市井の人びとの「人間」とは何なのかという考えに一石を投じているように思われます。

どこから人間なのか

今度は逆に、「誕生」の観点から、彼女ら彼らにとっていつから「人間」として存在するのか調査しました。授業の中では、人間の定義をしないまま、いつ「人間」になるのか、選択肢を選んでもらい、理由も併せて尋ねてみました。受精時、妊娠八週目（頭部や手足＋心音）、妊娠一二週目（必要な器官を備える）、妊娠二二週目（NICUでの生存ライン）、誕生時、医師による出生証明書発行時、親による出生届提出時で便宜的に区切ってみました。すると意外な結果がでてきました。男女でくっきりわかれたのです。男性の場合は、「誕生時」が三四％を占めました。他方、女性の場合は、「妊娠八週目」が四五％で「受精時」二〇％を合わせると七割近くにも到達しました。

この結果は何を意味するのでしょう。多くの男性は、誕生時以前は「人間」として認知していません。その理由をみると誕生前は人間になる「準備段階」という表現を使って、どちらかといえば、第三者からも人間として認識されるなど、「人間」を社会的動物として重ね合わせる傾向が強く表れました。

それに対して、女子学生は、妊娠八週目を選んだ理由を「まだ直接目には見えていないが赤ちゃんが一つの命として接している時点で人間だと思う」や「個人的な感覚だが、形がでてくると情が湧く、情が湧くのは人間だと思っているから」と答えていました。社会的認知というよりも生命に重ねて「人間」を捉えていることが明らかな差となって表れてきました。

この男女の差が何を意味するのか。学生はまだ一九、二〇歳であるので、ほぼ妊娠の経験がないはずです（未確認ですが）。それにもかかわらず、このように考えているということは、実際妊娠の経験をした際にはさらに強い実感となって表れるでしょう。それに比して、体験の外側にいる男性は誕生までは生命体を「人間」として認識していない傾向にあります。そのため、人工中絶などに対する態度表明は女性と当然異なってくるでしょう。

ヤノマミにとって人間とは？

私たちはどこまでを「人間」として受け入れるのでしょうか？　そしてどこからが人間でなくなるのでしょうか？　この根源的な問いはまだまだ未解明な部分があります。

ＮＨＫスペシャルで少し前に話題となった『ヤノマミ』という番組があります。アマゾンの原住民であるヤノマミ族では、嬰児《えいじ》の精霊返しが一万年にもわたって行われています。人間として迎えられ（選ばれ）なかった嬰児は、シロアリの塚に捧げ燃やされ、天に召されます。嬰児である赤子が精霊となるか「人間」となるかは母親が決定します。男性は誕生時ハンモックで寝ていて一切誕生には関与せず、女性たちは森に出かけて、母親がお産をし、人間として村に迎えるか、天に召すかを母親自身が周りの女性たちと相談せずたった一人で決めます。

この番組を作った国分拓さんは、四五時間眠らず、痛みで泣き続けた末に子供を産み落とした女性に密着取材し、心のなかでよく頑張ったといいながら感涙の涙を流す。だが、それはすぐに、彼のもつ文化的尺度で推し量った勝手な思い込みに過ぎないことを知ります。

女性に呼ばれてから一分後、彼女の傍らに女の子の赤子が転がっていました。産まれたばかりの子供をうつぶせにして、子どもの背中に足を乗せ、ほとんど表情を変えないまま黒い瞳を子供の方に向けながら両手で首を絞め始めたのです（国分拓『ヤノマミ』新潮文庫）。

確認されているだけで、毎年二〇人以上の赤子が誕生しますが、実に半数以上は首を絞められた後シロアリの塚に入れられ精霊として天に返されます。つまり、生存確率は半分しかありません。

この章では、何かを知識によって当てはめようとする私たちの習性に対して、フィールドワークという異化作用によって、多様な世界へ触れることの必要性について論じてきました。

フィールドワークはコスパの非常によくない方法です。ですが、最大の醍醐《だいご》味《み》は、たった一つの例からその概念全体を問いなおすような、アリがゾウを倒す大逆転の方法でもあるのです。このブラックスワンを探せ！　ということを頭の片隅に置いてフィールドワークを行うと、私たちの世界をもっと豊かな社会に導いてくれるはずです。

第3章　図と地の反転――幽霊と死者に聞く

現場と理論の往復運動

心理学の世界でよく知られている「ルビンの壺《つぼ》」という現象があります。図形の一定の領域が図に見えたり、地《じ》（背景）に見えたり、二つの見え方が交代して現れるものです。この章では、この図と地の反転としてフィールドを考えることの大切さを見ていきましょう。

よく誤解されるのですが、フィールドワークは単に現場に出かけて行って人の話を聞きさえすればよいわけではありません。面白いフィールドワークの研究は、図と地がはっきりしていてそれを反転させる働きかけがあります。そのため、現場（フィールド）と理論（研究）の往復運動が欠かせないのです。頭でっかちになってもダメですが、フィールドをまなざす視座が大事になるので、理論はかかせません。

第2章でふれたように、私の研究では災害における死を対象にしていますが、それは、当初私の興味や関心の〝対象外〟でした。東日本大震災は、中高生にとって生まれる前か記憶にない時代に起こったことなので、ふりかえっておきましょう。それは、三陸沖で起こったマグニチュード九・〇の巨大地震とそれに伴う一五メートル近くの大津波（陸を駆け上がった津波の高さは最大四〇・五メートル）により死者・行方不明者は一万八〇〇〇人を超えました。また福島第一原子力発電所では全交流電源を喪失し、原子炉を冷却できなくなり、炉心溶融（メルトダウン）が発生しました。大量の放射性物質の漏《ろう》洩《えい》を伴う原子力の爆発事故が起こり、数多くの避難民を出すことになりました。それは、国難とも言える複合災害でした。

私は当時、宮城県仙台市に住んでいたので、阪神・淡路大震災以来二度目の大きな震災に遭遇することになりました。そうした経験から、当事者に震災のことを手記として書いてもらう調査をはじめました。そのなかで、ある新聞記者の方から聞き書きで書くのと当事者自らが書くのとは何が違うのか、聞かれました。このような他者からの問いかけは考えるきっかけと再発見の機会となります。死者のことを考え始めたのもこのことがきっかけでした。

手記を書いた当事者の方の話に耳を澄ましてみると、手記をまとめた本を遺影に飾ったり、子供を抱きしめるように本を握りしめていたことがわかりました。手記として本に残すことが遺族にとってものすごく意味のあることははた目からもわかりました。息子が亡くなった父親は手記は辛い作業であったけれども、書いていて息子を思い返せるとても良い時間でしたと答えていました。これだけ愛していたと文字に残して本になり、いつでも開けることが心の安心につながっていたのです。さらに、誤解を恐れず言えば、心の状態を治して忘れ去ることに強い拒否感を示されていることがわかってきました。

私はこの現象を、死者を忘れて痛みを解消するのではなく、痛みを温存していくものとして「痛み温存法」と名付けることにしました（金菱清『震災メメントモリ』新曜社）。つまり、世間一般に言われる心のケアを「図」だとすると、痛み温存法は「地」といえるでしょう。このようにフィールドワークによって、逆の現象を示すことができたのです。このような事例から、災害は死者を考えることなくして成り立たないのではないかと考えるようになったのです。

これを読んでいるみなさんは一番死から遠い存在であるかもしれません。とりわけ二〇歳前後の学生は意気軒昂《いきけんこう》であまり死を考えないように思われています。しかし二〇年ほど前に心理学者が、実は二〇歳前後の学生が一番死について敏感であると話していたのを聞いた記憶があります。死に一番遠いように見えて遠い分頭でっかちで考えてしまうからです。高齢になればなるほど、身近で近親者や友人の死を見ているために当たり前になるそうです。振り返ってみれば私もなぜ死ぬのがわかっているのに平気な顔をして平然としているのかと不安に感じたことがあります。みなさんはどうでしょうか。

送りの夏のモチーフ

幽霊の話がニュースで話題になった時に、かつてテレビでＵＦＯや超常現象について科学的な知見から片っ端から批判する元大学教授がブログで疑問を投げかけてきました。学生に批判を向けるわけにはいかないので、指導教授である私に批判の矛先が向けられていました。もちろん私が反論する前に批判が巻き起こり、自らコメントは一切受け付けないようになっていました。

というのも、幽霊の論文は、読めばわかるのですが、幽霊の存在の有無を論じているわけではないのです。それを見た人や聞いた人がいることを前提にどういうふうにそれについて考えるのか、市井の人びとのこの震災や死者に対する向き合い方を論じています。そのため、科学者の論理展開に、宗教学者や民俗学者が猛反論することになりました。人びとが持っている感覚まで否定されてしまえば、これらの学問は成立しないからです。

では、幽霊に被災者は何を重ねあわせようとしていたのか。そのことを考える上で小説を紹介しておきたいと思います。三崎亜記さんの『バスジャック』（集英社文庫）の中に収録されている「送りの夏」という短編小説です。

「送りの夏」では、麻美という少女の母の晴美が突然失踪してしまいます。麻美が母親のことを探しているうちに、子どもにわからない大人の事情とでも言うか、ある男の影が母親の浮気としてちらつきます。晴美の手帳から探り出した手掛かりをもとに、無鉄砲な子どもの勢いだけで小さな海沿いの小さい町に麻美はやってきます。

そこで母と再会し、直樹という男性を紹介されますが、直樹は車椅子に乗っていて、声をかけても一切身動き一つしません。これはどういうことなのでしょうか。麻美が訪れた若草荘で出会う人びとのなかには、それぞれまるで「死体」のように動かない人がいました。それもそのはずで、その人たちは既に亡くなっていて、死体だったのです。

若草荘の住人には海里《かいり》くんという麻美より歳下の男の子も出てきます。海里くんの両親は、「海里、よかったな、お姉ちゃんが出来て。遊んでもらえるぞ」と声をかけますが、海里くんは精巧に作られた人形のように身じろぎ一つすることはありません。

若草荘では夕飯時にも、当然とばかりに、動かない彼らの分も含めて全員分のお皿が用意されますが、手をつけられることはありません。そこにいる彼らが動かない以外は、いたって普通の日常がそこには存在しているのです。ある日、家族から「明日は……、うちの海里を、お願いできますか?」という形で〝終《つい》の送り火〟が決まります。

満月の夜、波打ち際に下ろされた舟に海里くんが乗せられ、その周りには果物やおもちゃ、読み聞かせをした本などが並べられて、その舟が両親の手によって沖へと送り出されます。舟は、静かな波に揺られゆっくりと沖に遠ざかっていきますが、別れの時を躊躇《ちゅうちょ》するかのように波の起伏と共に行っては戻るを繰り返します。やがて、風に吹かれた舟は、徐々に陸を離れていきました。

フィールドワークの作品はノンフィクションで、小説はフィクションです。ただ、フィクションだからこそフィールドでの考えを深められることがあります。この「終の送り火」には、どのような意味が含まれているのでしょうか。

死者が、既に亡くなっていることは誰しもがわかっています。しかし、あたかも生きているかのように振る舞い、そして自分たちが〝納得いく〟形で死者を送り出す。これはある意味制度上の宗教的な儀礼とは対極な行為です。肉体の自然な腐敗に合わせて死者を足早に彼岸に送り出すのではなく、ある程度この世に留まった上で、時間的な猶予を置いて死者を送り出す。つまり、ここでは死を受け入れるプロセスを重視しています。

震災の現場で出会った人びとにはこれに近い感覚があるように感じました。

死をどう受け止めるか

東日本大震災では津波により多くの人が行方不明となりました。この行方不明という問題は、私たちに「死とは何か」という大きな問いを投げかけました。通常死には、死亡の手続きが取られ、葬式や火葬、そしてお墓に入れる（もっとも最近は自然に返すものもあります）という流れがあります。つまり、喪の儀礼が施されます。喪があるということは、初めて死に接する場合でも、何らかの文化に即しておけばある意味安心できるということに他なりません。もしこの文化という装置がなければ、身近な人が亡くなった際にどうしていいのか狼狽《うろた》えてしまうでしょう。

しかし、亡くなったかどうかもわからず、身体や骨が目の前にない家族にとってはその人の死を確認する術《すべ》はありません。参照すべき文化装置がないということは怖いことです。みなさんがこのような事態に直面した時に、たとえばどのタイミングで死亡届を出すでしょうか。すぐでしょうか。三カ月後くらいでしょうか。半年でしょうか。一年後でしょうか。誕生日でしょうか。あるいは出さないでしょうか。その判断はそれぞれ異なるでしょう。

ただし、歴史的に、死の受け止め方にある程度の答えをもつ地域も存在します。私が震災前からフィールドワークしている宮城県気仙沼市の唐桑《からくわ》半島は、昔から遠洋漁業が盛んな地域で、津波だけでなく海難事故によって亡くなるケースや行方不明になることがありました。行方不明者を一週間程度捜索して、見つからなかった場合、漁場のトップである漁労長が「死」を決めて家族に宣告をします。そのため、たとえ初めて遭遇する津波の場合でさえも、残された家族が「死」を社会的に受けいれ納得する文化が踏襲されていました。つまり、未曽有の災害で経験したことがない出来事による死でも、その地域では死を受け入れることができたのです。

リアル「送りの夏」

とはいえ、それ以外の地域においては、死をどこで認定するのかはたいへん難しい問題です。そのヒントもフィールドで当事者に教えてもらいました。
地元の新聞である河北《かほく》新報社と私どもで東日本大震災発生から一〇年目に遺族・行方不明家族に対してアンケート調査と聞き取りを行いました。震災の行方不明者家族二七人に、不明者の「死」を受け入れることができたか尋ねたところ、「受け入れることができた」は三四％で、時期は「三年」「百か日」という回答でした。反対に「受け入れることができない」「わからない」と答えた人が発災後一〇年経過しても五五％にも上りました。生死がわからないままの「あいまいな喪失」は歳月を重ねても悲哀が解消せず、今も苦悩する様子が浮き彫りになってきたのです（河北新報社編集局・金菱清編『逢える日まで』新曜社）。その際の遺族の言葉をここで紹介しておきます。

「亡きがらを確認するまで「いつかは帰ってくるのでは」と、今も思っている」（宮城県、六〇代女性）。

「葬儀を済ませても、死亡届を出しても区切りにならない。写真を見ると「ほらいるじゃない」と悲しくなる。きっと帰ってくる、亡くなったかもしれないといつも堂々巡りしている」（岩手県、六〇代女性）。

不明者家族は遺骨がなく、復興の陰で死を受け入れられずにいます。儀礼で気持ちを区切ることができず、自分自身で決めないといけない状況に立たされているのです。それでも震災発生から一〇年経過する中で自分の感情をコントロールできるようになり、それを肯定的に捉える人も出始めてきました。

「哀しかった気持ちが、故人への感謝へと変わってきました」。この変化は、故人とのつながりを一層強めることになります。

たとえば、初任給で息子さんからプレゼントしてもらったかばんを、はじめはぼろぼろになったら息子がいなくなるような気がしてずっと使えなかった方が、震災後あらためて使うようになってからは、息子と一緒に出かけている気持ちになると教えてくれた方がいます。

また、別の方は、亡くなったご主人が結婚指輪をしない人だったので家にしまってあったそうです。震災後に片付けをしていたら指輪を見つけ、自分の左手の薬指につけて、少し緩いけどご主人を日々感じられるようになったといいます。

このように亡くなったからと言って、死者を過去の存在として語るとは限りません。

宗教学者の佐藤弘夫《ひろお》さんは『死者の花嫁――葬送と追想の列島史』（幻戯書房）という本の中で東北地方に分布するムカサリ絵馬を紹介しています。青森や山形の寺に行くと絵馬に結婚式の様子が描かれています。この絵馬は幼くして亡くなった若い未婚者が新郎新婦になった想定の絵が描かれています。自分より早くこの世を去った子どもたちのもっとも輝ける瞬間を絵馬として切り取っているのです。それによって、故人があの世で伴侶をえて、永遠に至福の時間を生き続ける証《あかし》としていると紹介しています。東北地方では遺族に頼りにされた、口寄せの儀式などがあるため、幽霊を受け入れる素地はもともとあったとみることができます。

一九九五年に発生し、六四三四名が亡くなった阪神・淡路大震災ではほぼ幽霊現象は報告されていません。同じ災害といっても、東北地方という文化的素地と、行方不明の多寡によって異なってくるといえるでしょう。

図と地を逆転させる研究史の大切さ

どのような出来事も、新しいからといって更地のところから研究がはじまるということはありません。必ずそこには参照点となる「研究史」が存在します。つまり、自分が思いついたことは、何千年の歴史のなかで誰かがすでに発見して研究している。そうであるならば、それを踏まえて自分の考えたことを発展させた方が有益でしょう。

この章でふれてきた行方不明を研究する場合、家族社会学者のポーリン・ボスの「あいまいな喪失」という概念を知る必要があります。これは行方不明を考える上でとても参考になりました。

九・一一アメリカ同時多発テロや戦争などの行方不明者について長らく調査した彼女は、「さよならのない別れ」「あいまいな喪失」という概念を用いています。死者がいて、お葬式、そして土葬や火葬という、象徴的な儀礼によって送り出されることは「明確な喪失」であり、それと区別した喪失があるのです。

「あいまいな喪失」は、その状態が最終的か一時的か不明であるため、残された人びとは困惑し、問題解決に向かうことが困難であると、ボスは考えました。戦争や災害、それこそ飛行機事故などにおいては、大量死という現実を避けて通ることはできません。行方不明者の遺族にとっては、遺体があがらないままの実感のわかない死となるため、死の定点に揺らぎがあることをボスは論じたのです。

あいまいな喪失は多くの人びとに長期にわたって深刻なストレスフルな状態を引き起こします。通過儀礼のない別れは死の追認が難しく、被災地での死生観に大きな変容を与えました。

研究史は、目の前の出来事を見えやすくするだけでなく、新たな展開や問いを与えてくれます。たとえば、「行方不明」というテーマでは、期せずして亡くなった人がそこにいないために、「終の送り火」のように、自分が納得のいくタイミングで死者を送れることにどういう意味があるのかを考えることができます。

家族にさよならも言わず逝ってしまった別れに対して、生者でも死者でもない〝保留状態〟の死をどのように考えたらよいのか。保留状態の継続は、生者にとっての危機であるとともに、魂である死者にとっても危機であり、二重の不安定さを抱えているといえます。死者は死者として供養されて初めて成仏できるのに死者にもなりきれていないのです。

当事者ではない他者は、このあいまいな喪失に対して、できうるかぎり速やかにあいまいな存在をなくし社会を安定させようとします。この安定化させようとする事例は被災地の現場でも数多く確認することができるでしょう。

しかし、前章で紹介したタクシーの運転手さんによる幽霊の邂逅《かいこう》とそれへの受け止め方を思い出してください。この世である此岸《しがん》からあの世である彼岸へと移行する一方向性のあり方が当初の図だとすれば、タクシーの運転手さんの対応はそれとは明確に異なります。それは、無理にあいまいな領域を無くそうとはせずに、あいまいなものをそのまま受け入れ、生と死のあいだにある中間領域を豊富化させ肯定的に意味を転調させるものです。このように新たな図となる方法を当事者たちは自ら工夫して生み出しているのです。

日常生活に置き換えてみる

現場（フィールド）と研究史（理論）の往復運動は簡単なことではないでしょう。でも、第2章でふれた、ミルクボーイの漫才とやっていることは基本同じで、かけあいが存在します。このように、私たちの日常生活の感覚に置き換えてみるとわかりやすく頭に入って来ることがあります。その例を以下で紹介していきます。

哲学者の内田樹《たつる》さんは『死と身体』（医学書院）のなかで、私たちは処理できないものについて「中間項」という形で無理せず処理しているといいます。

たとえばパソコンでいえば、一般的に必要のないものは「トラッシュボックス」に入れて処理をします。整理が済んだものであれば保存するか「既存のフォルダ」に入れます。しかし、どちらとも処理できない場合私たちはどうするのか。それはデスクトップに一時保存された状態で仮に置いておくでしょう。このように仮り預けするデスクトップが中間項といえます。私たちは宙ぶらりんに仮り預けをすることを当たり前におこなっているし、すぐに処理しないことを肯定的に考えています。

このように中間項に当面の間置いておくことは、当初の地になっていたものを図として再配置させることになるのです。

東日本大震災では、外部からもう震災から三年経った、あるいはもう一〇年経過したから早く死者を忘れるようにという圧力がかかります。これは、いわばデスクトップに保留してあるものを外部から性急に整理を求められるのと同じです。当事者の心情に合わせてみれば、いつ整理するのかは被災者である当人が決めればよい話になります。いわば〝当事者主権〟に本来委ねられているはずなのです。

人によっては二〇年以上かかるかもしれません。タクシーの運転手さんの語りはそれでもよいのではないかと心のゆとりを与えてくれます。

いわばあいまいなものをそのまま一時的に仮り預かりをすることで未処理のまま処理する。そしてそれを良いものとして評価することの大切さを私たちに教えてくれます。考えてみれば、私たちはすぐに白黒つけて処理できない大切なものを日常生活に抱え込んでいます。それなのに、第三者から性急に解決を求められると、ストレスの大きい状態におかれます。

図と地の転換は、当たり前に思っていた考え方を覆すことになります。このように考え方を覆すには、「にもかかわらず」という逆説の言葉がフィールドを調査していく中で使うことができるか、考えてみるのがよいでしょう。「しかし」よりも強い一八〇度変換させる言葉です。それを使うことができるのであれば、図と地の転換が起きる可能性があります。ぜひ試してみてください。

第4章　なぜ少数を扱うのか――俯瞰する観察眼

経験的事実と可変的可能性

この章では、フィールドワークを支えている思想的なコツみたいなお話をしましょう。普段は内緒にしているお話です。私たちフィールドワーカーは多数（マジョリティ）を扱うのではなく、少数を扱います。これは量的調査の発想と少し異なります。量的調査は、マジョリティを扱って、そのデータはどういう代表性があるのか常に問われることになります。ただしフィールドワークなどの質的調査は時にはたった一人の人間を扱います。

質的調査では、多数のなかの少数という形で、切り離されたものとして捉えるのではなく、連関して相互がつながっているという発想をとります。ここでは経験的事実（統計データではない生きた人のリアリティ）と可変的可能性（データを変える力）という考え方を紹介していきます。少し難しい言葉なのでまずは解説していきます。

経験的事実とは、その人の人生で経験してきた事実です。たとえば身近な家族を取り上げてみましょう。みなさんは一人っ子でしょうか。兄弟がいるでしょうか。家族の定義は人それぞれにあると思います。人によっては、おじいちゃんおばあちゃんと一つ屋根の下に暮らしている大家族かもしれません。戦後日本の家族の変化に関して、おじいちゃんとおばあちゃんのいる「（拡）大家族」から、夫婦と子どもだけの「核家族」へ移行してきたといわれることがあります。

実はこの言い方は正しくありません。これだと拡大家族がバラバラになり、核家族にわかれたという印象を与えてしまいます。こうしたイメージは、経験的事実ではなく架空の数値上の事実だといえるでしょう。社会学者の落合恵美子さんは核家族の真相を著書『21世紀家族へ［新版］』（有斐閣選書）のなかで描いています。それをもとに実際の事実をみていきましょう。

統計をみると、確かに核家族世帯が一九五五（昭和三〇）年から右肩あがりに増えていきます。一方、核家族世帯割合を見ると、ほとんど一定なのです。そして「その他の親族家族世帯」（大家族）を見てみても、ほとんど変わっていません。大家族が減らないまま、核家族が増えたのはなぜなのでしょうか？

答えは単純明快です。経験的事実として戦前生まれの世代は兄弟が多い。みなさんのおじいちゃんやおばあちゃんの兄弟は四人や五人いる人も多いでしょう。でも、親と一緒に住むのはだいたい長男の家族です。親は、独立して住むか、誰か（主に長男）の家で同居するかという二つの選択肢のうちどちらかを選ぶしかありません。

後者を選んだ場合、ほかの兄弟はその家から出れば、必然的に夫婦と子どもだけの「核家族」に分類されます。すると兄弟が多い時代には核家族の数は必然的に増えていくことになります。ただし、長男に万一何かあれば、弟家族が親の面倒をみるので、これは表面上核家族でありながら、じつは隠れた（拡）大家族ともいえます。

つまり、条件次第で容易に家族のタイプが変わるのです。そうなると、核家族か拡大家族かという議論においては、時代に左右されない本質論に迫る必要があります。

そのためには、現在のタイプでわけられている数値（核家族化）の裏側に、可変的可能性と呼ばれるその行為を引き受けるための心情（何かあった場合に親を引き受ける＝潜在的拡大家族）を認識しておく必要があります。

可変的可能性は、現在の事実は変わる可能性を常に秘めているという意味です。可変的可能性の観点からいえば、条件次第で少数は多数に代わり、多数は少数に置き換わることがあるのです。この考え方は、私たちがフィールドワークで少数者を扱う際の下支えになっており、ブラックスワンを取り扱う根拠ともいえます。

計量的な何万何千という統計処理とは異なり、フィールドワークは物理的な制約のもとで少数者を扱わざるをえません。ただし、ある種の統計的な少数者に絞ったうえで、その少数の本質である経験的事実と可変的可能性に迫ることをテーマにしているのです。カメラの焦点を合わせるように、中心となる撮るべきものにピントを合わせていきます。このことを踏まえていないフィールドワークは、ピントがブレてボヤけたものになるでしょう。

部屋の記述

大学の授業で、宇宙人に「いまいる教室」について説明をする課題を課していました。すると、同じ教室といっても一つとして同じものはないということがわかります。人によっては、机や教卓の配置、天気や学生の様子、あるいは自分の今の体調を記録する人もいました。これを報告してもらうことによって、同じ目の前にあるものでさえ一つの概念として記述することの難しさがわかります。

映画界の巨匠・黒澤明監督の『羅生門』という作品があります。原作は芥川龍之介の『藪《やぶ》の中』という小説です。同じ一つの事件でも、それを見聞きした人が語ると全く違った犯人像になり、そこから派生して複数の人の語りの重ね合わせにより出来事の異なる意味と多面性を描きだすやり方を「羅生門式」といいます。

コロナになってリモートのオンデマンド（録画したものを配信）型に授業が切り替わると、教室を説明してもらうことが難しくなってきました。それならばということで、自分の今いる部屋の説明をしてもらいました。少し事例をご紹介します（匿名と加工処理済み）。

「家には家族がいて、ペットがいる。自分の部屋は唯一「一人の時間にできる場所。」と言いたいところだが、そうではない。リビングとの壁がうすく、声がうるさかったり、ペットが「中に入れて」とドアをカリカリしてきたりする。自分の部屋はひとりになれる場所なはずなのに、私の場合はなかなかそうはいかない。とにかく散らかっている。」

「部屋自体は平面だとそんなに広くないが、二段ベットの下に机が入るタイプなので、タンスや物置が入っていて、わたしの足のグッズやメイク道具がある。向かい側には妹がいるので、妹の勉強机があり、二人でそれを順番に使っている。妹は綺麗好きなので机や周りが綺麗だが、私が本当に片付けができないので妹の領域にものが侵入している。」

「朝に授業を受けているため、眠たい。オンライン授業のため、一人でパソコンに向かっているため孤独を感じる。外は晴れており、鳥の声や飛行機の音が聞こえる。」

「二三時四〇分、隣の部屋の父のいびきが聞こえる。カーテンは閉まっている。昨日や一昨日着て洗濯した服が床に置かれたままでクローゼットは開けっ放し。今日化粧した道具が横に散らかっている。目の前の壁に、自分で書いた時間割とto doリストを貼っている。ベッドの横の壁は、好きなアーティストの写真やポスターなどを飾っている。」

「白いLEDライトに照らされていて少し散らかった部屋。一人用の部屋としては妥当な広さ。今朝の朝食の食器がまだ置かれてあって、自分のズボラな性格がわかる。しかし、お気に入りのメイクをするゾーンはきれいに整頓されている。薄い可動式の壁を挟んだ隣の部屋からは、姉の鼻歌が聞こえてくる。」

「私は〇〇珈琲の様子を描く。扉を開けると、まず目に浮かぶのは、木造で出来たテーブルに、赤いソファーが置いてある。そして、頭上は吹き抜けで照明が吊り下げられていて、開放感があり、広々としていて、心安らげる空間を提供してくれるような造りである。そして、そこには一人で勉学に励んでいる学生、何か資料を作成しているスーツ姿の男、休憩しにきたであろう家族連れの客、空間を味わいに来た老夫婦が座っている。」

どうでしょうか。わずか一〇〇字ちょっとの文章ですが、それぞれの情景が心情とともに書き連ねてあります。オンデマンドで、時間や部屋の制約は受けないために、朝という人もいるし、深夜に受講する人もいて、そのなかで、家族の息遣いが聞こえる人もいます。さらには、孤独に感じている実態が伝わってくる人もいて、たいへん興味深いです。

中にはto doリストを壁に掲げて自分のスケジュール管理をしている様子も克明に記録されています。この部屋の様子が私たちに伝えてくれるものは何でしょうか。

成績不振な学生の特徴は、この部屋の様子と重なるところがあります。オンデマンドの授業では学生にとって得手不得手が如実に表れてきます。スケジュール管理できる人は自分のペースに合わせてできるために、有利に働きますが、部屋がごちゃごちゃとして管理できない学生は、対面でその都度課題をそこでクリアした方がよいようです。ついつい課題を溜め込んでしまい単位を落としてしまうことがわかりました。記録や記述はそれを書くこと以上に、何か問題にぶち当たった時にそれを解決に向かわせる基礎資料ともなりうるのです。

文化資本と解釈労働

少数を扱う理由を別の角度から捉えてみたいと思います。

貧困研究で優れたエスノグラフィ（記述的方法）と理論的展開をフィリピンのフィールドワークから掘り起こした、石岡丈昇《とものり》さんによる『タイミングの社会学』（青土社）という本があります。彼は、最も不利な人びとを扱うけれども、道徳的・倫理的な観点から議論しないことを宣言しています。つまり、それは、弱い人びととの立場に立ってルサンチマン的な居心地の良さに浸って論理を組み立てるのではないという宣言です。石岡さんの本を少しかみ砕きながらみていきましょう。

残念ながら世の中というのは不平等にできていて、ピラミッドの上にいる富裕層は、その底辺を成す人たちが何を考えているかに思いをめぐらすことはありません。それに対して、底辺の貧しい人たちは、「解釈労働」（ディビッド・グレーバーによる概念）と呼ばれるものに支配されています。解釈労働というのは、家政婦のように階段から降りて来る主人の足音や朝に挨拶をした時の主人の応じ方や家族の会話のトーンなど微に入り細を穿《うが》って常に主人の顔色をうかがって、解釈を絶え間なく強いられる労働です。一方で主人はこうした解釈労働をする必要は全くありません。

しかも解釈労働が厄介なのは、誰にも気づかれることなく行っている点です。姿を隠して、気遣いをすることができる者が、その状況を最も見抜いているのです。

二〇一九年に第七二回カンヌ国際映画祭でパルム・ドール賞を取った韓国の映画である『パラサイト　半地下の家族』はこのことを最もよく表しています。日の光も届かず、電波も弱い半地下住宅で暮らすキム家は家族みんなが失業中で、貧しい生活を強いられていました。ある日、長男がＩＴ企業のＣＥＯのパク氏の大豪邸へ家庭教師の面接を受けに行き、その後次から次へと、家政婦や運転手などに成りすまして家族ぐるみで豪邸にパラサイト、つまり寄生してしまうストーリーです。

上層階級のパク夫妻はキム一家の振る舞いに対して無頓着なのですが、他方キム一家は大富豪に取り入るために観察、つまり解釈労働をさりげなくこなしていきます。

石岡さんは解釈労働をしている／させているために、それが逆に構造的な盲点を生み出すといいます。それは、事細かに家庭の事情について知ってしまうという点です。

解釈労働は文化資本の対比で重要になります。生まれた時点でお金を持っている人の家に生まれるとその時点ですでに資本が蓄積されていて有利に働きます。これを経済資本があるといいます。それにたいして、小さい頃から美術鑑賞に浸っているような環境にいれば自然のごとくその文化に接触する度合いが高く、文化すらも相続される。これが文化資本です。

本好きは実は小さい頃から家に本棚があって本を読むことが習慣化されていたと言えるのです。そうなると、文化資本には、見えない壁があり、それは簡単には乗り越えられません。身も蓋もない話ですが、文化資本を相続せず所有していない人は、それを必要とする世界から排除されますが、石岡さんはそこで踏みとどまって考えることを提唱します。それは、文化資本と解釈労働との接続を促します。

石岡さんの本を少し詳しく紹介しましょう。彼はフィリピンの元ボクサーのビンビンという男性に寄り添いながらフィールド調査を行います。彼は、引退後もパーソナルトレーナーとして多くの場合中産階級の相手をします。仲良くなる中で彼らのパーティーに誘われます。しかし、ビンビンはそのパーティーに居心地の悪さを覚えます。そこでは仮装がよく行われ、男性が女性に扮《ふん》し、人工的に強調した胸の谷間に、着飾った女性がクルクルとまいた紙幣を挿すのです。ビンビンはこういった遊びについていけませんでした。

フィリピンの地方から出てきて不法占拠の町の女性と結婚し、そうした地区で暮らすビンビンにとって顧客とのパーティーは向こう側の世界です。しかし、顧客との関係から逃れられないために解釈労働を強いられることになります。紙幣の丸め方や、着席のレイアウト、大物と小物が現れた時の反応が異なることなど細かく描写します。石岡さんは状況に居心地が悪い時、私たちは必然的に「観察者」になるということを発見します。

文化資本を所有するもの（この場合は出席者の多く）は、居心地が良い空間を、わざわざ解釈する必要もありません。その空間は自らの一部であって、対象ではありません。ある種除け者に感じるようになった「観察者」は、眼の前に起こっていることを解釈することで、その場にとどまろうと努力します。

こう考えると、文化資本の仕組みを一番知っているのは、それを所有していないために状況を必死で解釈しなければならない、その場から排除された人たちであるといえます。ここに卓越するがゆえに構造的盲点があるのです。

たとえて言えば、夜電灯を点《つ》けた部屋から暗い外を覗《のぞ》いても何も見えないけれども、暗い外からは明るい部屋の動きが手に取るように見えていることと同じなのです。

「水俣の甘夏」の思想

暗い外から明るい部屋を見通すことができる例として、あるドキュメンタリーを紹介したいと思います。ここではある少数者の「視点」をとるということを学んでみたいと思います（この議論は、市村弘正《ひろまさ》『「名づけ」の精神史』〔平凡社ライブラリー〕のなかの「「失敗」の意味」という章をもとにしています）。

公害病である水俣病の悲劇から立ち直って、水俣病患者家庭果樹同志会という、簡単にいうと、水俣特産の甘夏を無農薬の有機農業で栽培するという趣旨で集まった会があります。ではなぜ無農薬なのか。それは、水俣病と深く関わっています。同志会のメンバーはいずれも水俣病に罹患《りかん》したり、海が廃液によって汚されて魚を捕ることができなくなった元漁師たちです。彼らを追ったドキュメンタリーがあるのです。

自分たち元漁師がかつて水俣病の「被害者」側であったのに、今度は農業で農薬を使って「加害者」側に加わっていいのかという問いを会の設立趣旨として掲げていました。

しかし、同志会のメンバー六戸が、農薬を使わない活動に逆行するような形で除草剤を使用してしまいました。それには、水俣病特有の事情が関係していました。有機農業では、害虫や雑草などが雨後の竹の子のように増えていきます。そのため、それらを取り除く作業量は飛躍的に増加していきます。一方、水俣病によって思うように体が動かなくなったり、感覚の麻痺《まひ》があるなか、作業しなければいけない。そうした状況のなかで、除草剤を使用してしまったのです。

当然、同志会のなかでも問題となりました。安易に許してしまえば、無農薬でやっていく会の趣旨に反したことにもなりかねません。とはいえ、切り捨てることもできませんでした。なぜなら、水俣の人々はまさに差別を被って村八分で切り捨てられてきた人々でもあるからです。

ここで問われたのは、除草剤を使った者を簡単に追放したり排除したりしない関係をいかにつくるかという点でした。けれどもそれは容易ではありません。なぜなら、病気をおして無農薬を続けてきた人たちがいるからです。その人たちからみれば許されるものではなく、会は分裂状態になりかねません。

同志会での侃々諤々《かんかんがくがく》の議論の末に結論が生まれていきます。「落ちこぼれじゃなかです。人間だから失敗もあるじゃろう」という形で理解しつつ、他方その者たちへの失敗の区分けをするために、「失敗の会」のシールを貼って甘夏を出荷する結論に至りました。

これについて、市村弘正さんは「失敗を否定し放逐するという社会的趨勢《すうせい》の再生産から、かれらを最後のところで踏みとどまらせ、ついにはそれを人間に本来的のものとして包み込む関係を組みなおしていく、という感動的な逆転をもたらしたものは、水俣病患者としての経験」と先の本で述べています。これは質的に異なる「現実」が開かれたことになるでしょう。

水俣病のその後を映し出そうと思ったこのドキュメンタリーは、実は〝水俣病そのもの〟を映しだしていたのです。この事例が示しているのは、少数の問題を掘り下げていくことは、いずれその少数の問題にとどまらず、それと対蹠的《たいせきてき》な多数の質的問題の深部に迫るような普遍的な転換的思想に行きつくという点です。これと同じ発想をフィールドワークではとりうるのです。

「荒地の家族」の共感しえない傷

もうひとつ調査における思想的コツを紹介したいと思います。それは共有部分がないことを逆に共有しているという話です。

東日本大震災の発生から一〇年以上たってみると、「二〇一一年三月一一日東日本大震災、死者・行方不明者二万人余り」という、三〇文字にも満たない形で集約されようとしています。それは震災が歴史化されてきたといえるかもしれません。二〇二三年に芥川賞を受賞した佐藤厚志《あつし》さんが書いた『荒地の家族』（新潮社）という作品があります。受賞後雑誌で佐藤さんと対談する機会がありました。彼は、一人の主人公坂井祐治《ゆうじ》に仮託させることで、震災で負った傷は、個々それぞれで、他の被災者とも共有しえないものであることを表現し、東日本大震災のその後の傷の深さを読者に提示しました。

小説では、主人公の妻は震災で亡くなるのではなく、震災の数年後に亡くなるという形をとっています。そこに、自分の傷が誰ともわかちえないんだという主人公の頑《かたく》なな意思を投影させているわけです。いわば震災を単純化する社会に対する反逆といってもいいすぎではありません。それをたった一人から導き出すのです。

佐藤さんは私との対談のなかで、「経験したことや想起することは一人ひとり違います。被災地、被災者とひとくくりにすると、イメージが漠然としていますし、そこから漏れてしまう経験や感情が無限に出てきます。大きくは拾えませんが、身近にあった経験や感情の細かい部分を、一つか二つでも小説に込められたらいいと思っています」と答えています。

主人公の受けた心の傷は単純には語りえないものです。言葉にして他人とつながることも困難です。このような声にならない声を代弁し主人公の痛みをわかちえないものとして描き出すには、小説と現場との緊張関係が必要となるでしょう。小説では、言葉を発して共感に至ることの困難さと欺瞞《ぎまん》性《せい》を表しています。

誰も生産活動をしていない土地に、突如、巨大な壁である防潮堤を作ってしまう状況を「遺跡じみたコンクリートの基礎は誰の目にもつかずに草に隠れるが、冬になれば草は枯れ、赤茶けた土の上に剝《む》き出しになる。春になれば草が芽吹く。土の上を季節だけが淡々と巡った。用途のないこの場所に植物の興亡だけがあった」（『荒地の家族』）という風景として描き出すことで、自分の苦しさや傷がまさしく誰も気にも留めなくなっていく様を重ね合わせていきます。震災直後の過剰な熱量の語りからは取り残された荒涼とした砂漠の心のあり様と巨大な防潮堤という立ちはだかる壁を設定することで、震災という大文字の出来事の陰でひっそりと息づく胸の内を表現していきます。

私は、それを現実場面として、『生ける死者の震災霊性論』（新曜社）で、夫を震災で亡くした女性の不条理を描こうとしました。

「この一〇年、本当に楽しいとか心から笑ったことないですね。うち花火が好きだったので、毎年花火を楽しみにしていて、どこかで花火があがったとすると花火を追いかけていこうというくらい好きだったんですけども、もちろん子ども（孫）がいれば見ていますけども、花火嫌いになりましたね。綺麗なんですけども、見ていると哀しい気持ちになる。すごく楽しかったことは、なにかしらの後悔とともにくるから。胸の中にすごく冷たい水がいつまでも溜まっているような感じでいろんなおいしいもの食べても、どんなに楽しいことがあってもその時ハハハッて笑うけども笑いながらすごく醒めている。

（胸のなかの）冷たい水の存在がすごく際立つからです」（二〇二二年九月一一日インタビュー）

ここでは、震災遺族の、止められない笑いに着目して、震災後の不条理を表現しました。当事者のなかでは断続的に、今も震災から解放されることなく、むしろ震災の真《ま》っ只中《ただなか》でもがき苦しんでいる人がいます。そこでは当人ですら予想をしていなかった震災の生々しく厳しい現実があったのです。満ち足りた生活は一瞬で奪われ、家族がさよならも言わずに突然逝ってしまったことは、彼女たちの世界を一変させたのです。復興の過程で取り残されていく当事者を粘り強く追いかけることもフィールドワークでは可能になります。

本章では、少数の問題を掘り下げていくことで、少数の「数」の問題にとどまらず、それと対蹠的な多数が持つ質的問題の深部に迫るような転換的思想を考えてきました。ブラックスワンという問題はこうして深めていくことができるのです。

第5章　自分のよって立つ足場を壊す――時間と空間を歪ます

「当たり前」を揺さぶる

フィールドワークでは、相手のマウントをとって自分の陣地を拡《ひろ》げるのではなく、逆に極限まで狭めて切り詰めていきます。それは砂場で山を削っていくのに似ていて、自らの足場の土台を崩していくことになります。そうすると足元がグラグラして不安定になるでしょう。フィールドワークの考え方は、安定した足場を築いて視野を定めようとしません。もしそうしたいのなら、わざわざ現場に出向かないで、ネットに転がっている情報を探していればすむ話です。そのため、フィールドワークでは自分の寄って立つ世界観を一度壊すところから始まります。

高校生、大学生と進んでいくにつれて、急速に世界が縮んでいく経験をするでしょう。

世界への驚きが子供のころに比べてどうしても少なくなるからです。世界とはこのようなものだと理解してしまい、それは縮小再生産されていきます。第2章でとりあげた、同化作用が優勢を占めていくというふうにもいえるでしょう。フィールドワークは、まさにその「当たり前」をよしとする習性を揺さぶり変更を迫ります。

この章では、私たちが当たり前としている、時間と空間が一定のものではないことを体感してもらおうと考えています。フィールドワークは、自分の知らないことを知るために外(フィールド)に出かけて収集する、そんなイメージがみなさんの頭のなかに描かれていると思います。しかし、その醍醐《だいごみ》味は、こちらから行くというより、むしろ向こうの世界が追ってきて自分の世界がわからなくなることにあるのです。

人が織りなす風景

次の文章は水俣病《みなまたびょう》を描いた石牟礼《いしむれ》道子さんの『苦海浄土』(講談社文庫)の一節です。

「いやあ、あん爺《じい》さまの水俣病にならしたら、まこて、時計の不自由になったわい。わが家の時計のネジを巻かんばならん」

めったに村や部落共同体に口をきかなかった爺さまの控えめな教訓がひとつあった。

「時計ちゅうものは何のためにあるのか」

村人たちは、つい最近まで彼が海を見晴らす前庭に七輪を持ち出し、火を起こす気配に「爺さまのお茶の時間じゃ、もう六時ぞ」と起床し、昔は、彼がまだ達者で、漁に出かけていた頃は、まだ明けやらぬ部落の下の磯から、ひたうつ波のあいまに、ゴトゴトと船具の音がきこえるのにめざめ、「ほら、ほら、仙助どんの沖に出らすで、もう五時ぞ、起きんかい」といっていたものであった。

ふたときばかりおくれて啼《な》いたりするあくびまじりの部落の鶏より、ねじをかけ忘れる家々の時計より、仙助の暮らしにあわせた方が、万事が、きちんと進行したのである。

ここに引用したように、水俣では、人が時を刻み、それを見聞きしていた人びとの日常が〝それとなく〟始まるのです。「きちんとした」日常がある意味時計よりも正確に動いているのです。人が時計と同じように地域に埋め込まれていて、みなはその人物をよくみていることがわかります。そのため、この文章のように、いざその人がいなくなると途端に暮らしが狂ってしまう。そのような日常を水俣病が奪い去っていったのです。日本が近代化するなかで、水俣で象徴的に展開された日常性の破壊を、多くの人びとは経験することになりました。いわば、私たちの身体は、近代的な時間と空間に囲まれていて、それに飼い慣らされていったのです。

このように、フィールドでは考えなおすきっかけが向こうからやってきます。私たちは普段、時間について意識して考えることはありませんが、こういった話を聞くとあらためて時間について考えることになるのです。

災害やコロナ禍において私たちは日常が奪い去られ、時間と空間がゆがむ経験をしたのではないでしょうか。

コロナ禍初期の二〇二〇年前半に学生と調査することがありました（『新型コロナinterviews』デザインエッグ社）。そのなかで、ある学生は自分の食卓を観察してインタビューをしました。父親が在宅勤務になり、学生本人はオンライン授業になり、家族が久しぶりに食卓を囲むことになりました。母親は久しぶりに家族がそろったのを喜んで、腕を振るって家庭料理を振る舞っていました。

ところがそれが続いてくると母親がだんだん元気がなくなっていきました。大量の食材を買い込み、飽きないように食事を作ることに考え込んでしまったためです。「一人で全てするのは難しい。家族には手伝って欲しい。てか手伝ってもらわな無理。ずっと家におんねんからそんくらいやって」と愚痴をこぼすようになりました。その学生が撮ってきた写真は簡単なパスタが大きい皿に盛りつけてあるだけに変化していきました。コロナ禍は感染症とは直接関係のない家庭内の食卓を変化させたのです。

また、大阪大学の学生たちが出した安岡健一監修・大阪大学日本学専修「コロナと大学」プロジェクト編『コロナ禍の声を聞く――大学生とオーラルヒストリーの出会い』（大阪大学出版会）は、学生たちがコロナの状況についてさまざまな人々に聞き取りを行ったものです。

コロナ禍の自分の経験が、「二〇二〇年に新型コロナウイルスが世界的に流行し、人々の移動や行動が制限される異例の事態となった。このウイルスは経済や人命に多大なる損害を与えた」という形で簡単にまとめられることがあります。それに対して授業に部活動、アルバイトに就活とあらゆる場面で学生たちは悔しい思いをしてきました。そういった安易な言葉に「仕返しをする」との思いから、コロナの多様性に迫っていきました。

スーパーで買う野菜の味

コロナ禍と同じように、原発事故は未曽有の大災害でした。

この時、被災者の目線から三つの水準の剝奪が起こっていると考えられます（庄司貴《しょうじたか》俊《とし》『原発災害と生活再建の社会学』春風社）。

一つ目は原発の周辺地域に対して設けられた居住制限によって「場所」が奪われました。人びとは、「ここに住むことは、できなくなりました」と突然宣告され、自らの住居を追い出されました。二つ目は避難生活の長期化によって「時間」が奪われたことです。いつもと異なる生活を長くしていると、事故前の時間感覚が少しずつ薄れていってしまいます。三つ目は「関係」が奪われてしまうことです。今回の事故では、多くの避難者が出ました。

人びとは、地区ごとといったように、まとまって避難をしたわけではありません。個人個人バラバラに避難することになりました。したがって、避難先では、事故前の人間関係は希薄となりました。

さらに、地元に帰還したとしても、それまで何気なく会っていた場所がなくなってしまい会えなくなったり、自分の畑で採れていた野菜の交換や、隣近所で交わしていた会話も無くなり、地域のコミュニティが断絶されていきました。

このように、「場所」、「時間」、「関係」を剝奪されると、徐々に身体のリズムが崩れ、生活破壊が生じます。被災者は、自分の役割を見つけられずに、日々を過ごしていると、「どうかなりそうだ」とか「平常心でいられない」と口々に言います。つまり、人々はそこで暮らすという生きがいやアイデンティティを失うことになります。

福島県で聞き取りをしたある男性が、「(スーパーで買う)野菜が高くこんなにマズイのか」とつぶやかれたことを印象的に覚えています。農林水産業などの第一次産業に従事していた人びとの暮らしは震災後激変しました。農業に従事していたこの男性は、自分のところで採れた新鮮な野菜を食べていました。それが、野菜を作っても放射線量の影響から食べることもできず、お金を出してわざわざスーパーで買うことになりました。

しかし、大型スーパーで買う野菜は、品薄を恐れ仕入れ段階で安定供給を最優先させるために、前もってストックをしスーパーの冷蔵庫に置いて寝かせておきます。その結果、取れたての新鮮さがなくなり、自分たちで作るものに比べてうまみが落ちてしまうのです。生産者としてわかっていたことですが、それを身をもって体験したのです。ここから、私たちの食生活が見た目が綺麗《きれい》だが美味しさを損《そこな》っている現実を知ることができるでしょう。このようにフィールドで出会った言葉から、私たちが当たり前と思っていたことを切り崩されるようなことが起こるのです。

またこの男性は中学卒業以来、農業一本でやってきましたが、原発事故後、農業ができなくなり、大型モーターなどの機械部品の洗浄のアルバイトに携わります。慣れない八時間労働を体験することになり、かなりきついといいます。それは仕事の辛さではなく労働の質の変化が大きいためです。

農作業の合間には、暑さを凌《しの》ぐために二、三時間草屋根のあるところで昼寝や休憩し、雨が降れば骨休めをし、常に自然のサイクルに添わせながら身体を休めることができます。晴耕雨読のごとく山や空の動きを観察しながらの暮らしが営まれていました。それが震災後、たとえ雨が降っても暑くても労働が継続されて、常に時間に拘束された都市的生活を経験することになります。

こうした労働についても、新しい見方をすることができるようになるのです。

〝立派な〟公営住宅で増える孤独死

大震災後、沿岸域や福島の一部は機能別に分けられた復興計画やまちづくりが進められています。それは、災害リスク管理と合理性といった工学的発想に基づかれたものです。住宅を歴史・文化的な観点から論じた祐成保志《すけなりやすし》さんは、『〈住宅〉の歴史社会学』（新曜社）のなかで住居＝住まい（home/domestic space/dwelling）を物理的な住宅

(house) とは異なって、ヒトやモノが配置されている状態や、身体によって意味づけられた場のことであると論じています。それに対して、沿岸部で進められたまちづくりは、ともすれば性急な復興の掛け声のもと物理的な住宅供給という意味での house に政策の重心がかかっていました。

「みんな仮設住宅から(災害復興公営住宅に)来たから知らない人たちばっかだよ。でも仮設の方がよかったかもなぁ、なんか横のつながりがあった気がする。ここは外さ出なきゃほんと人っ気ないし、(建築賞を受賞した建物が)立派すぎるんだよ」。

このようなつぶやきを被災地の現場で耳にしました。公平性の観点から抽選が行われ、隣に知らない人が入居し、それまでの暮らしが一変します。ある女性は日中一切外出しないそうです。ぽつんと一人公営住宅に取り残され誰かにジロジロみられる感覚がするため、夜にならないと安心して外出できないといいます。また、公表されていませんが、孤独死が目立ちます。一般的には復興の優等生と呼ばれるまちであっても、孤独死が起きているのです。学生たちと聞き取り調査を行うと〝お寒い〟現実が見えてきました。

通常のまちづくりと異なり、災害後のまちづくりは、復興予算の期限と早期の復旧復興という政治的命題のもと、性急なまでにトップダウン型のまちづくりが進められていきます。

こうしたまちづくりの在り方、復興の在り方が正しいのかを問いなおす契機はフィールドの至る所にあります。

手紙に残された夢の話

さらに自分の足場を崩すような話を、夢を通じて考えてみることにしましょう（詳しくは、金菱清ゼミナール編『私の夢まで、会いにきてくれた』〔朝日文庫〕を参照してください）。

ある時遺族の方の夢の話を伺う機会がありました。

《繁さんと宏美さんは、指切りをしている。

「何もしてあげられないよ」「でも、信頼してる」「急がないから」「待ってる」

一言一言、確かめるように宏美さんは話した。

「指切りをした手の感触は、起きてから鮮明に覚えていました。夢を思い出しながら「あの世から簡単に助けることはできない。でも、信頼しているからね。あの世に来るのを待っているけど、急がないからね。そっちの世界で修行しておいで」と妻から言われているような気がしました」》

（「最愛の妻と娘は魂の姿に」『私の夢まで、会いにきてくれた』より）

夢の世界は、不思議です。びっしょり汗をかいて見た夢でも起きてみるとあれっ何だったと忘れていることが多いのではないでしょうか。ここで取り上げた方は夢日記を書いていました。夢に見たことを忘れないようにしたのです。

この日記は、現実で私たちが体験することと変わりないレベルで記録されていました。学生たちが聞きとってきた話を報告してもらった際には、その内容は夢のことなのか、現実のことなのか、問い直さないといけないほどでした。夢の世界が鮮明にカラフルな形で記憶されいて、現実との境があいまいでした。

東日本大震災の遺族による亡き人に向けた手紙を集めるなかで、夢の話が多く出てくることに気づき、夢に着目して調べてみようと思いました。その人の内実や世界観を映し出す鏡でもある手紙に、夢が多く出てくるのはどうしてなのかという素朴な疑問から始まったプロジェクトでした。

調査を始めた際、当初学生たちは苦労しました。被災者の人たちに夢の話を直接聞いても断られました。遺族の方から直接研究の材料にするならば、話さないということを露骨に言われる学生もいました。それらを積み重ねるうちに、学生も工夫をするようになって、最初は夢の話を出さずに震災の話を伺いながら後で夢の話を聞くようにしました。けれども、長時間聞いた後、夢の話を伺うと「私、夢を見ない」と言って調査が終わることもかなりありました。

鮮明な夢

冒頭の夢は、宮城県の山元町《やまもとちょう》に暮らす亀井繁さんがみた夢です。実は繁さんは妻の宏《ひろ》美《み》さんと次女の陽愛《ひなり》ちゃんを津波で亡くしています。夢のなかでまるで現実にあったかのように秘密の約束を交わすシーンです。

夢を見た時をふり返って、インタビューでは、「完全に目が覚めた状態で、あーと思ってまた目を閉じたりしたんですけれども。目を閉じるとまぶたの裏に砂嵐の中の輪郭にずっと手を振っているというのが見えていて。目を閉じながらおいでおいでとか、いろいろ話しかけて泣いたりしてたんですけれども。これはまあ、夢と言うか起き（目が覚め）てもずっと見えたし、いろんな話をしたりとか、実際みえたというか。」と話していました。

震災で亡くなった人の夢は、くっきりとした輪郭があるかたちで記憶されている場合が多くありました。それらは個別具体的です。先ほどの繁さんがつけている夢日記には、「おばけだぞ〜」とおどけた口調で亡くなった奥さんが、がぶっと夫の鼻を嚙《か》んだと書いてあります。この嚙んだ夢は〝触覚〟を伴ったものとして繁さんに伝わってきたそうです。

冒頭で述べたように、安全な立ち位置がグラグラ揺らされる事態がフィールドで発生することになります。夢の話は非科学的なものとして撥《は》ねつけることもできます。けれども一人や二人ではなく、多くの人が今回の災害で同じような夢の経験をしている。そしてその夢は遺族の宝物として強く記憶に留《とど》められているわけです。そのため、それをむやみに排除するわけにはいかないのです。反対に、夢は非科学的といった、自分の当たり前の知識を問いなおしてみる必要があるでしょう。

死者との縁《つながり》を考える

いろいろ夢の話を集めていくと、次のようなことがフィールドの中から見えてきました。それは、遺族にとって、夢は死者との「縁《つながり》」を考えることができる大切なツールなのです。震災の日、前触れもなく、大切な人は「さよなら」も言わず、忽然《こつぜん》と遺族の前から消え去ってしまった。これからも生きたかったであろう命が突然、断ち切られてしまい、遺族は無念の感情を抱え込んでいます。亡き人が生きていた視覚的輪郭は現実の世界にはありません。しかし、視覚的に見えないといっても、その人の存在がないわけではない。ときには、頰に直《じか》に触れる触覚や亡き人の声を聴く聴覚を伴った夢を遺族は見ます。遺族の人にとってこうした夢はどのような意味があるのでしょうか。

東日本大震災の場合は、今も行方不明だったり、写真やビデオなどの共に過ごした記録が津波に奪われるケースもたくさんありました。死者との関係は、それ以上の新しい更新＝交信はなく、そこで止まったままです。

それでも、夢によって死者との関係を更新＝交信することができる。ふいに現れる亡き人は、その後失われた日常生活の一コマとして、ページを新たにしてくれるのです。つまり、夢は、断ち切られた現実に対して、死者となおもつながり続けることができる「希望（としての夢）」なのです。

夢は時間を行き来するタイムマシン

安全な立ち位置がグラグラ揺らされる事態は、私たちの時間と空間の既存の考え方自体を問いなおすことにもつながってきます。それらを問いなおすためには、これまで話をしてきた夢や幽霊の話を参考にするのがよいでしょう。

ある遺族は、仏壇に向かい、会いに来てと孫に話しかけた後、うたた寝をしていると、孫が現れたそうです。夢の中の孫は自分より背が高くなり、中学校の制服を着ていました。

また父母を亡くした方は、地震が起こった当時に戻り、「早く、早く」と二人を急がせるが、誰も危機が迫っていることに気づかないようで、周囲で渋滞している車にも「逃げて!!」と叫ぶのです。

このように、夢の世界では時間が行ったり来たりします。このような話を聞くうちに、どういう意味があるのだろうかと考えざるをえませんでした。時間は誰にも平等に訪れて、私たちは現在に存在しています。では、なぜ夢ではこのようなことが起こるのでしょうか。もちろんたまたまなのかもしれませんが、そこに何かの意味があるように思えたのです。

災害が起きた後、共通して叫ばれるのが「復興」という言葉です。通常、復興が対象とするのは、生きている人、つまり生者で、死者は排除されます。過去から現在、未来という直線的な流れは半ば絶対的なものとして扱われます。そして、復興の過程で、震災以前の過去に生きていた人たちは、社会から存在を消されます。

子どもを亡くしたある遺族は、小学校のホームページから亡くなった息子の画像を通告なく削除されました。泣きながら電話をかけ「〇〇（息子）は、もう学校とかにいなかったことにされたんですか」と尋ねると、「亡くなった子が写っている画像は削除しろと教育委員会から通達があったので……」と返事があり、ショックで過呼吸を起こしてしまいました。のちに校長は謝罪したそうですが、この遺族にとって、子どもが確かに「生きていた」証《あかし》を消され、あたかも最初から「いなかった」ように扱われるのは、どれほど胸の詰まる思いだったでしょう。

この人だけではありません。娘さんを亡くされた母親のもとに、その事実を知らなかった塾の業者から勧誘の電話がかかってきました。仕方なく事情を話すとその人はわかりました、名簿から削除しておきますと言って電話を切りました。その時のショックはやはり耐え難いものがあったといいます。

このように、私たち生者の時間の考え方は傲慢なのです。心臓の鼓動がこの世から消えたとたん、生きてきた証すらなかったことになる点は、近代的な時間管理の問題でもあります。そして、私たちは、そこに知らず知らずのうちに押し込められていきます。そしてそれを当然のものとして受け止めます。フィールドでの知見はこのような当然として受け止められている考え方に対して、違う見方を提供してくれます。

人は亡くなったらおしまいになるのでしょうか。物言わぬ死者を、単なる物質として扱うこともできるでしょうか。

岩明均《いわあきひとし》の漫画『寄生獣』（講談社）には次のような印象的なシーンがあります。人間に寄生する異生物の影響で、半ば人間の心を失ってしまった主人公は、なついていた子犬が亡くなるまでは回復を祈って温かく抱きしめていました。ところが、その子犬が生物学的な死を迎えると、まるでその辺に落ちていたモノを扱うかのように、子犬をつまんでゴミ箱へと捨ててしまうのです。

さらに、その光景を見てしまった、主人公に対して恋心を抱いていた女性に「清掃の人がこまるかな?」と発言をしてその女性は興醒《きょうざ》めしてしまいます。くわえて、彼は、女性に対して「もう死んだんだよ、死んだイヌはイヌじゃない。イヌの形をした肉だ」

と言い放ちます。

この話に私たちは違和感を覚えるでしょう。死んだ後でも私たちはそれをモノとは感じないでしょう。しかし、震災で亡くなった方にこのように死を受け止めるよう迫るところが多々ありました。

では、生き続けられたであろう命が、突然、絶ち切られ、さらに社会的に消されようとするのに対して、夢はどのような働きを持つのでしょうか。それは原因と結果からなる因果関係を「逆転」させる力です。

たとえば、コップを落とせば、その結果、コップは割れます。前者が原因で後者が結果です。この時系列の関係は日常生活で絶対に逆転することはありません。震災においても時間の因果関係は、津波が襲来し、その結果、愛すべき人が亡くなることといえます。結果は事象の終着点となります。

ところが、ご遺族の夢には、タイムマシンのように過去・現在を自在に移動する瞬間があるのです。夢の多くには予知夢や時間の逆転が起こっています。夢には、コップが割れてからコップを落とすような、結果が原因に先立って現れることがあります。そうしたことが起こる理由も聞き取りでは話されています。

しかし、ほとんどの場合、それは見過ごされます。最近学生のフィールドの聞き取りの文字起こしの報告の際に、グループを組ませて、何が一番面白いのか言ってもらうことがあります。しかし、私がこれは興味深いと思ったものと学生たちが選んできたものは異なることが多々あります。学生が選んできたものはたいてい通俗的なもので、みんなが大切だと思うものです。ですが、私が選ぶものはあまり気づかない、普通ならこう考えるけれども、でも当事者の考え方では何か違う考え方をしているということがさらりと述べられていることがあって、それはなぜなのかを提示することが多いのです。

受動的＝プレゼント

夢は私たちが見ようとして見られるものではありません。生きている人は夢をコントロールすることができないのです。その意味で、夢は「見る」のではなく、「見させられている」と感じていると話す人がたくさんいました。すると、こう考えることができます。働きかける主体は亡き人であり、亡き人によって夢の不思議な世界が展開されていく。この主体と客体の逆転によって、時間は人に所有されるものではなく、時間を「生き物」のようにとらえられる。このように働きかける主体と客体を代えることでこれまでとは違った世界がずっと見えるときがあるのです。

夢を「贈り物」として受け取る遺族もいます。先に学校のホームページから削除された方のクリスマスプレゼントは夢でした。

《写真スタジオで○○くんの写真をたくさん撮影した。亡くなった母親も夢に出てきて、将来着付けしたらここで写真撮影をすることが私の夢（希望）なんだよって言っていた。○○くんはファインダー越しで見ると、震災当時の小学校一年生のままなんだけども、写真で仕上がってみてみると、背や足がすらっと伸びて中学生のような恰《かっ》好《こう》をしていた。

「昨夜、お母さんが寂しいってずっと思っていたから会いに来てくれたのかもね。神様、素敵なクリスマスプレゼントありがとう。。。」》

（二〇一七年一二月二五日のFacebookより一部改変）

ある男性の夢には妹が出てきます。それは部活や勉強で疲れている時に多いようです。とくに柔道の試合の前夜、必ず柔道の夢を見るのですが、応援席に亡くなった妹と母がよくいるそうです。生前の二人は、〇〇さんの応援に行くのを楽しみにしていたそうです。彼は「たぶん、妹は、「がんばれ」って励ましてくれているんでしょうね。柔道の試合の前に二人が出てくるのは、今でもちゃんと僕を見てくれているからだと思っています」（「津波に巻き込まれながら夢を見た」前掲書より）

このように、遺族の人たちは温かいメッセージとして夢を受け取っています。

予知夢や亡き人が成長していく夢には、過去の記憶というよりも、「未来を記憶する」力が働いています。成長をした孫や息子を見守ったり兄を応援するのも、未来に生きる意志です。その意味で亡くなった人は過去の存在では必ずしもありません。ここでは、「過去を現在進行形にする」力が働いているといえるでしょう。

これら「未来を記憶する」力と「過去を現在進行形に変える」力は、忘却しようとする社会に抵抗するものです。

夢の調査を進めるなかで、「孤立〝夢〟援」という言葉を使っている学生がいました。普段私たちが使う孤立「無」援は、亡き人が過去のものとなり、誰も助けてくれないような状況を指します。

一方、夢のなかでは、いつも励ましてくれる妹の存在、いつも気づかってくれる息子の存在、いつも言葉を交わし合う娘がいます。つまり、夢によって支えられているのです。「孤立〝夢〟援」の存在として、亡き人がそっと温かく手を差し伸べてくれる世界が開かれていることに調査を通して気づかされたのです。

夢という他者が確認できないコミュニケーションは、震災によって切り離されてしまった絆《きずな》を確かな形でつなぎとめていました。夢は過去に起こった事実を自由に「上書き」し、保存することで、二重の死を打ち消す力を生み出していくことがここではわかりました。

ミシンとコウモリ傘との解剖台の上での偶然の出会い

ここまで幽霊と夢の世界に迫ってきました。それぞれ理由があって個別のテーマで調べてきたもので、こういうかたちでつながってくるとは思っていませんでした。

調査は面白いもので、ある種の仮説のもとでこうかもしれないと予測を立てても、現場がきれいにそれを裏切ってくれます。

あるコンテクストを別の場所へ移し、異和を生じさせるという、シュルレアリスムという考え方があります。その考え方の代表的な識者にロートレアモンがいます。彼の『マルドロールの歌』（集英社文庫）に「ミシンとコウモリ傘との解剖台の上での偶然の出会い」という言葉があります。普通手術台の上にはミシンも傘も似つかわしくないです。

この言葉にフィールドワークをより面白くするヒントが隠されています。それは、本来ならば結びつくはずのないものが交差する仕組みを解明していくというのは新たな研究の地平を開くことになります。つまり発見です。

私は災害を研究していますが、私以外の研究のほとんどは、どう地震に備えるのか、どう避難所や仮設住宅を運営していくのかといった、減災・防災に重心が置かれます。もちろんこれは大事なことです。

けれどもそれを横目にして、夢とか幽霊とか災害と全くかけ離れたトピックをもとに、死者の問題を中心に据えてフィールドワークをしてみると意外なものが結びついてきます。

みなさんも、どんなフィールドでもいいので、何か異なるもので掛け合わせてみて、普通考えないようなことを思考実験しながらフィールドで調査してみると新しい発見ができるでしょう。

第6章　探究する感覚を磨く――自分への再教育

みなさんはどんな子供だったでしょうか？　わがままを言ってお父さんやお母さんを困らせていたのではないでしょうか？

大人にはわからない子供なりのルールがあります。傍《はた》から見ていても一見わからないルールがフィールドワークの対象となることもあります。そのルールのなかで生きている人たちの世界をフィールドワークによって捉えていくのです。

大人にはない感覚

ボブ・グレアムの『わたしたちのてんごくバス』（こだまともこ訳、さ・え・ら書房）という絵本があります。ある日町の中に「てんごく」行きのバスが捨てられていました。このバスの影響で渋滞が生じてしまいました。小学生の女の子ステラは、ゴミや空き缶だらけのバスの中を見て、「このバス……わたしたちのバスになるかも」とつぶやき、彼女の家の庭にバスを移動させました。しかし、バスの前方が公道にはみ出してしまいました。

ところがステラは、「バスはここにおいてもらうわ。それが、わたしのきまりよ」と父親に明言します。その後子供たちの遊び場になり、大人たちも掃除を始めピカピカに磨きあげ、音楽の演奏やダンス、おしゃべりの場所など、まさしくみんなのバスになります。

しかし、ある日、法律にもとづいてレッカー車がバスをスクラップ置き場に運びこんでしまいました。規則違反をかざす大人に対して、小学生のステラはサッカーゲームをもちかけ負ければバスを返却してもらう約束を取り付けます。結果は彼女が勝ちます。このようにステラがバスにこだわる理由は実は古いエンジンの上にスズメが巣を作って卵が孵《かえ》りそうだったからでした。最後には裏の空き地に移動させたバスを取り囲んでみんなは楽しく踊ったのです。このお話には、大人の感覚にはない子どもなりのきまりをみつけることができるでしょう。

長年、被災地支援やソフトなまちづくりに継続的に携わってきた建築家の延藤安弘《えんどうやすひろ》さんは、この絵本からトラブルを生のドラマに変える子供たちの想像力を読み取っています（『まち再生の術語集』岩波新書）。大人が知らず知らずのうちに従っている規則に対して、子供が状況に相応《ふさわ》しいわたしのきまり（"my regulation"）を提示して調整しているのです。延藤さんは同じような視点はまちづくりにも当てはまると考えています。つまり、上からの押し付けではなく、住民自らが主役となってそこに生きる人々の物語が必要だと考えているのです。

この「物語の創造性」は、生涯教育に置き換えることができます。生涯教育と聞くと、みなさんの中には、ただでさえ学校の教育に飽き飽きしていて苦痛なのに、それが一生涯続くのかと怪訝《けげん》な顔になった人もいるかもしれませんが、ここでは高校を卒業したあと、大学での学びについてイメージしてみましょう。

狭い意味の高校までの教育では正解を受け身のかたちで詰め込んでいきます。一方、大学以降の広い意味での教育は、自分で進んで行うもので、主体的で能動的なものです。一見するとフィールドワークは基本他人からお話を聞くというだけで受動的に見えますが、実は主体的なものが含まれています。なぜなら、これまで明らかでなかったことを、自ら明らかにしていくことはとても創造的だからです。

自分でなんだろうと疑問をもって追求していくためには、自分で自分を再教育する必要があります。それは一生涯続く営みといえるでしょう。自分で考えることで世界は拡《ひろ》がっていきますが、自分だけの考え方では限界があります。そこで、フィールドワークによって、自分の考え方にショックを与えて、次元の違う視点を獲得するのです。

モラル・エコノミー

歴史を振り返れば、いつの時代においても、群衆などによる略奪や暴動などモラル・ハザード（破局）な状況が起きています。戦争直後や海外の災害の際には略奪や暴動など「パニック」の様子がマスコミによってセンセーショナルに報じられます。でも、もしこうした略奪や暴動にも「モラルがある」といわれたら、どう感じるでしょうか？

研究者が、歴史上の暴動や略奪を調べたところ、暴動や略奪の際に人々がむやみやたらに商品を奪いとるのではなく、時には妥当だと思える価格を支払って、商品を買い取る行為にでる人々が少なからずいました。なぜ、この少し奇妙で「上品な」暴動が行われるのでしょうか。

研究者はこういう事実から、もっとも無秩序な状態においてさえ、ある種の秩序だった社会が作られているのではないかと考えました。そこから、そうした混乱した状況において、人々がなにを大切にしているのかに焦点をあてた研究がひろがりました。「利潤の最大化」をモデルとする経済学（エコノミー）とは真逆の考え方である、この原理を、モラル・エコノミーといいます。

その状況を表しているのは次の世界の歴史について書かれた文章でしょう。「パンの公正な価格について、民衆の間に共通の認識があったからこそ、それを無視されたときに、モラルな憤激が高まり、マーケットの占拠が起きたのである。「このパターンの行動の中心となったのは、食糧倉庫の略奪とか、穀物や小麦粉を盗むことではなくモラル設定する行動だった」騒動に加わった者が市場価格の代わりに、彼らが公正だと考えた額を支払ったのは珍しいことではなかった」（ジェームス・C・スコット『モーラル・エコノミー』勁草書房《けいそう》）。

一見無秩序に思えるような暴動においても、そこには庶民のルールがある。それが重要な点です。人々が生活の中で正しさを支える根拠を、「モラル」と捉えると理解しやすいかもしれません。この「モラル」概念は、まわりから一方的に定義される「ルール（倫理）」ではなく、自分たち当事者が大切にしていたり、正しいと考えたりする「掟《おきて》（不文律）」といえるでしょう。まさに先の子どものきまりもそれにあたるでしょう。

「くらしのアナキズム」

フィールドワークは市井の普通の人びとを対象とします。ただし、これまでみてきたように、やみくもに普通の人を選んでいるのではなく、思想的なものを含みこんで対象を選んでいきます。この思想的なものはアナキズムと呼んでよいかもしれません。「アナキズム」は無政府主義と訳せますが、ここでは文化人類学者の松村圭一郎さんの著書『くらしのアナキズム』（ミシマ社）に即してお話を展開していきたいと思います。

この本のなかにたいへん印象的な言葉があります。雑誌『暮しの手帖』を創刊した編集長の言葉です。「一つの内閣を変えるよりも、一つの家のみそ汁の作り方を変えることの方が、ずっとむつかしいにちがいない。内閣は、三日や一週間なくても別にそのために国が亡びることもない。ところが、暮らしの方は、そうはゆかない」。

この言葉は、私たちが社会科で習ってきた歴史と随分異なるでしょう。社会科では、為政者を中心とした歴史が教えられるからです。こうした視点を取り上げるのは、松村さんが文化人類学者だからでしょう。

文化人類学では、フィールドワークを通じて、国家が十全に機能していない地域でも、無秩序にならず、暮らしを成り立たせてきたことを証明してきました。国や政治家でなく、自分たち生活者こそが問題に対処してきたのです。

松村さんによる「くらしのアナキズム」という考え方は、「目のまえの苦しい現実をいかに改善していくか、その改善をうながす力が政治家や裁判官、専門家や企業幹部など選ばれた人たちだけでなく、生活者である自分たちのなかにあるという自覚にねざしている」（『くらしのアナキズム』）という点を強調します。

こうした自分たちのなかにある自由な意思は、フィールドワークを介在させることで、可能になるのです。

冒頭で教育の例をだしたのは、学校教育の期間だけでなく、より広く、自らの感覚を取り戻すような教育が必要だからです。私たちは生きていく中で、無意識で当たり前とされている物事に対してもう一度光を当てて考える必要があります。

パノプティコン（＝一望監視施設）

その一例として、権力というものを考えてみましょう。一昔前は、権力は王様のように見えやすいものでした。しかし、現在、権力は見えやすいものではなくなっています。その見えにくさを理解してもらうために、ベンサムという一九世紀初めのイギリスの哲学者が考えた合理的な囚人監視施設を紹介しましょう。

監視人は独房に取り囲まれた真ん中にある監視塔から監視します。囚人が入る独房には特殊なガラスが埋め込まれており、監視人側から囚人が見えますが、囚人からは監視人は見えません。すると、囚人は、いつ監視されているかわからなくなります。そうなると、二四時間監視されている感覚に陥ります。したがって、たとえ監視人が眠くなって寝ても、トイレに行って監視塔からいなくなっても、監視されている気分になるのです。

この効率的なシステムを横文字でパノプティコン（＝一望監視施設）と呼びます。権力はこのように、自分で自分をコントロールせざるをえない「内面規範」と呼ばれるものを、人の意識のなかにつくりだすことができます。一望監視施設は、権力をエコノミー化（省力化）する、監視コストがかからない仕掛けだといえるでしょう。

みなさんも日常生活のなかでこれと似たようなことを体感しています。二つ身近な事例を出しましょう。

ひとつは試験会場です。試験の監督者になったとしたら、試験会場の前に立つでしょうか？　それとも後ろに立つでしょうか？　前の方が威厳があるように思われるかもしれませんが、パノプティコンの理論を使えば、後ろに立つ方が効率よく監視できます。前に立てば、監督者が視線を落としたり、違う方向を向いていれば、受験生はカンニングする隙ができます。それに対して後ろに座っていれば、どのように監視されているのかわかりません。そのため受験生が自分で自分を監視していることになります。たいていの場合、先生は後ろでウトウトと寝ている場合が多いのですが……。

もうひとつは、書店や洋服屋です。どこでも出口に万引き防止用のブザーが設置されています。単純に考えれば、支払いがされていない商品を外に持ち出せば、ブザーが鳴って盗品として扱われます。さらに、たとえブザーの電源を切ってあっても万引きの抑止力になります。内面規範が働いていれば自分で抑制するからです。監視カメラも同様で、「監視カメラ作動中」とステッカーを貼り、ニセモノのカメラをつけておくだけで効果があるといわれています。

このように微細な権力に敏感になることは、自分たちの暮らしを成り立たせているものは何なのかということを意識化させます。

世界の使い方

私たちの暮らしは今かなり切り売りされて、小さな世界に閉じ込められています。家自体が機能的になっていて、部屋の間取りも変更がなかなか効きません。こうしたなか、空間をどのように使いこなすかを考えるうえで、建築家の坂口恭平《きょうへい》さんはたいへんユニークなアプローチを試みています（『独立国家のつくりかた』講談社現代新書）。

彼はホームレスの人をフィールドワークするなかで、なぜ人は、お金を使って、コンクリートの上に、三五年ローンでお金を借りて家を建てるのかという、建築家らしからぬ疑問をもちました。それを当たり前だろうと思っている人にとっては青天の霹靂《へきれき》です。そうした疑問から、隅田川に暮らす路上生活者の人からさまざまなことを教えてもらいます。隅田川の住人いわく、畳一枚ほどの自分の空間を指して、「この家は寝室にすぎないから」と言うのです。

隅田公園で本を読んだり、トイレも水道も公園のものを使い、食事はスーパーマーケットの掃除をしたついでに肉や野菜をもらいます。東京という都市を徹底的に利用し尽すことで、現代人のような家にすべてを詰め込むという発想をそもそもとらず、家を拡張して捉えているのです。

ホームレスの代名詞ともいえるブルーシートは隅田川の花火大会で大量に不要となる観覧シートです。私たちの世界では廃棄物であるゴミも、ホームレスの人にとっては資源となるのです。

ホームレスの人にとってお金がなく家がないという状況は、命にかかわる問題ですが、それを「政府が悪い」「行政が悪い」と非難したところで現状はすぐに変わりません。それよりも自ら生活者としての意思をもって生活をつくりあげなければいけないことがこの例からわかるでしょう。

このように国に家畜化されないために、自分を自分でハンドリングし、自分で再教育することが求められます。それにはフィールドワークがとても有効なことはこれまで述べてきたことからわかるでしょう。

探究の時間

教育に関連して、もう少し現実的な話をしましょう。二〇二二年から、高校教育では、

「総合的な探究の時間」が始まりました。旧学習指導要領の「総合的な学習の時間」が進化し、このような形になりました。指導要領には、「探究の見方・考え方を働かせ、横断的・総合的な学習を行うことを通して、自己の在り方生き方を考えながら、よりよく課題を発見し解決していくための資質・能力を次のとおり育成すること」とあります。正解のある詰め込み教育からバランスのとれた総合的な学習、そして、自分たちで自ら課題を〝発見〟して解決していく能力を養うということに特徴があります。

高校訪問で大阪の四條畷《しじょうなわて》高校を訪れる機会がありました。この高校は二〇一二年度よりスーパーサイエンスハイスクール（SSH）に指定されていて、探究の時間に高校全体で取り組んでいます。私は中間報告会と成果発表会に参加したのですが、四～六人のグループを作って自分たちの取り組む課題を自ら設定してそれに応えている姿がたいへん印象的でした。

ポスターセッションの報告の後、生徒さんにいろいろ聞いてみると、みんな先生にやらされているのではなく、楽しいと目を輝かせて語ってくれました。

たとえば私が聞いた報告は「方向音痴を助け隊～オリジナル地図でトレーニング～」

でした。地図を読むのが苦手なのをきっかけに、方向音痴な人向けにアンケートやインタビューをしながら、地図を読むときに、どこに躓《つまず》いているのかを把握して、それを改善するという実践的な課題に取り組んでいました。彼女たちはこの研究結果を方向音痴の改善に役立てたいと答えてくれました。

また、ある班は、「ジェンダーと言葉〜付加的呼称詞の区別について考える〜」というタイトルで、人によって身体的性別による「さん」や「くん」などの付加的呼称詞の区別に関する意識に差異があることを調査しました。身体的性別での呼称の区別によって違和感を抱く人を減らしたいという動機からこの研究をはじめたそうです。生徒二七三名とさらに教員三三名にアンケートを配布してインタビューを行っていました。

その研究班の生徒たちは、教員が呼称をつけて呼ぶ場合、女子生徒は「さん」のみですが、男子生徒は「くん」「さん」の二つがあるため、男子生徒は女子生徒に比べて、身体的性別による区別への意識がない人が多いと考察していました。また面白かったのは、教員へのアンケートで担当教科別で考え方に差異があり、その差異はジェンダー問題に教科として触れている度合から生まれたのではないか、という点でした。

このように全校生徒が切磋琢磨《せっさたくま》して探究の課題に取り組む姿を見て、疑問を自ら持つことの大切さを、この高校から学びました。それを身につけておくと勉強の動機付けにもなるし、高校を卒業したあとも自ら学び批判する力がつくでしょう。

フィールドでは多くの失敗が待ち受けています。自分が持っていた仮説がいとも簡単に裏切られます。ですがそれはとても大切なことで、そこでの失敗すらが次の成功への挑戦（こう考えたけれどもなぜ違う結果になったのか、それを今度は取り入れてまた別の仮説を作るプロセス）となる機会を提供しているのだと思います。

第7章　弱い人の声に耳をすます──世界の開き方

単純ではない世界

これまで説明してきたように、統計調査には現れてこない人にもその人なりの「事実（リアリティ）」があります。

たとえば、差別され冷遇されてきた人びとは、それを果敢に乗り切ろうと逆転した発想をとることがあるでしょう。まわりの人間が変わらないのであれば、自分の考え方を変えることで解決するしかないと自然とわかっているからです。フィールドワークの現場でそのことをたくさん教えてもらいました。

あらためて、フィールドワークでは、なぜ統計に現れてこないような人びとを扱わなければならないのでしょうか。シンプルに答えると、それは社会的に〝弱い〟人の声に耳をすましてみることで、よりよい社会とは何かを考えることができるからです。ともすれば、自分のまわりにいる同じような人間だけで集まっていると、世界を小さく捉えがちになってしまいます。そうならないため、私たちは現場の調査を通じて世界がそう単純ではないことを学ぶのです。

一〇票の参政権を持つ人

たとえば、在日コリアンは、現在のところ参政権が付与されていません。投票の権利を剝奪されているといえます。しかし、私が二〇〇〇年当時日本最大規模の「不法占拠」地域を調べる中で出会ったある在日コリアンの女性は、「一〇票の投票（選挙）権を持っている」と話し始めました。もちろん、そんなことは法律上ありえないので、私が目を丸くしていると、次のようなエピソードを話してくれました。

彼女は長年、化粧品の訪問販売の仕事をしています。その中で、意中の候補者を特定の顧客にそれとなく伝えます。選挙のあと「お母さんが紹介してくれた人が当選したわよ」といってくれた顧客が一〇人いたため、その票を指して一〇票持っているというのです。その意味では、普通の人が一票の権利しか持っていないのに、彼女は一〇人分の票を持っているといえます。日本国籍を持っていない彼女には、参政権はもちろんありません。そういった状況だからこそ、別の形で自分の意中の候補者に投票できるようにしているのです。このようなかたちで世界を開いていく有様を、私のフィールド調査ノートをめくって、紹介しましょう。

空港の中の住所？

「コンチキチーン♪」どこからともなく音楽が流れてきます。ただし、音響機材から流れているのではなく、中華鍋が太鼓で、お玉がバチ替わりで、その場所はアスファルトの駐車場です。そこで、即興の音楽が作られていきます。それに合わせ自然に体が動き、思いおもいの所作で陽気に踊りだします。

みなが楽しく踊っているこの場所は、実は飛行場の「着陸帯」にあります。夜中ともなると真っ暗闇のなかでサーチライトが光り、キーンという耳をつんざくような金属音を周囲にまき散らしながら飛行機が離陸していくので、憂鬱になる人もいるでしょう。そんな場所であっても、踊っている人たちは、ここに住んでいるのです。彼ら彼女らは、いちいち離発着のたびに気にしていたら身が持たないのか、会話も離発着のたびに途切れるものの、飛び去るとまるでそのことがなかったかのように自然に会話が続けられます。

こんなに飛行機が間近にせまっていますが、防音設備は施されていません。飛行場の敷地にありながら、この地域を避けるように空港のフェンスが住居との境界に立てられています。そのフェンスには青々とまるでグリーンカーテンのように緑が拡がっていますす。フェンスの根元をよくみてみると、キュウリや朝鮮瓜が植えられており、鉄条網とフェンスという非人間的な壁も、人びとの日常の一部として利用され、彼女たちの「畑」になっているのです。

大阪国際空港、通称「伊丹《いたみ》空港」の中にこの空間はあります。大阪の中心部に近く、利便性がよいために多くの乗客が伊丹空港を利用しています。しかし、ふだん利用するその飛行場の「中」に、長年にわたって、生活している人びとがいることは、ほとんど知られていませんでした。ここはいわゆる「不法占拠」と言われる地区でした。二〇〇二年一一月時点では、飛行場のなかに、一五九世帯、四〇四名もの人びとが暮らしていました。住民の九割近くが在日朝鮮・韓国人の集住部落です（詳しくは、拙著『生きられた法の社会学』〔新曜社〕参考）。ここは空港の用地として本来人が住んではいけないところです。そのため、上下水道やごみ収集などの暮らしていくための基本的な行政サービスは長らく存在していませんでした。

なぜそこを調査することに？

ここはまさにブラックスワンといえるでしょう。私がこの地域に調査に入ったきっかけは、まったくの偶然でした。当時、空港の騒音問題を調査・研究するためにフィールドを探しに、自転車をこいで空港周辺を回っていました。

そして、この地区に入った瞬間、「なんだ、この異次元の空間は」と、肌がふるえるような感覚に襲われました。一瞬金縛りのような状態になったのです。古着や空き缶が山のように積まれていて、明らかに周囲の風景とは異なっていました。私がこのとき出会った「異様な光景」は、「不法占拠」という言葉で回収しつくされるものではありませんでした。これまで体験したことのなかったその光景を、なんとか自分のなかで解釈し、自分なりに理解しようとしていました。しかし、いくら理解しようとしてもなかなかできない繰り返しが続きました。

調査を進めるなかである種のジレンマに陥ったとき、当時ネットもなかったので新聞でこの地区が「不法占拠」地域であることを知ったのです。このとき、「異様な光景」を一瞬にして理解できたような感覚にとらわれ、妙に安堵《あんど》したことを覚えています。ただし、一時の安堵を求めて、「不法占拠」という四文字に飛びついてしまい、以後しばらくのあいだ、私はこのラベルにとらわれることになったのです。

そこに住んでいる人に「不法」という認識でもって聞き取りを進めていくと、「おかしいですよね。土地を買った人もいるし、あんまり「不法、不法」というものだから、一度自治会で何筆か登記簿をとったことがあるんです」という語りに、出くわしました。

どうもある時点から急に、「不法」が声高に叫ばれるようになったらしいこと、そして、住民たちはそうした批判を必ずしも受け入れてはおらず、「不法ではない」とさえ考えていることが徐々にわかってきました。

調査の中で、私は、国政調査をする役人に間違われて怒鳴られることもありました。怒られると、萎縮してしまうのですが、よくよく考えてみると、国側の人間に間違われるその瞬間に「不法占拠」において働く力学が立ち現れることに気づくようになりました。国との緊張関係が常に住民に降りかかってきているのです。間違えられることによって、国とのリアルな関係が垣間《かいま》見られることもあることがわかりました。

前代未聞の移転補償解決

半世紀以上「不法占拠」を続けてきた住民に対して、国と市によって合法的な「移転補償」が二〇〇二年に行われることが発表になりました。その「移転補償」は前代未聞なものでした。これまで河川敷などでの不法占拠に対して見舞金を国や市が支払うことはありました。しかし、ここでの解決策はその比ではありませんでした。国が地域に隣接する土地を市に売却したうえで、市が移転先として集合住宅を建設し、そこに地区の住民が集団移転する解決策が提示されました。これにより、長年の深刻な騒音被害と劣悪な居住環境は解決されることになります。

通常、立ち退きなどの場合、代替地（移転先）の提供は行われません。個人の移転希望に対して国が土地と建物の対価を金銭的に補償するだけで、住民はその資金をもとに自分で居住地を探すことになり、地域コミュニティは解体します。これに対して今回は、隣接地へ集団移転することで地域コミュニティは維持されます。そのため、「不法占拠」地域に居住する人びとの文化と歴史を承認する施策となっているのです。これはとても意義のあるものでしょう。

このように、きちんとした制度の枠組みで「不法占拠」の移転補償が国によって決定されたことは、これまでに前例がありませんでした。

不法占拠者を手厚く補償することは、一部から「盗人に追い銭」と言われるように、フリーライダー（ただ乗り）問題を助長し、「公共性」を著しく逸脱しているという強い批判が生じます。それだけにとどまらず、国の施策としては、これ以降、同様の事例に対しても同じような対応を求められる可能性が高くなり、リスクが高いことが予想されます。

不法占拠の実態もブラックスワンですが、その解決策自体もブラックスワンだったのです。

ウンコの問題は重要

私が調査の中で不思議に思ったのは、「不法占拠」されている土地なのに、調査時点では、上下水道は完備されているし、電気もあるし、公園もあったことです。もちろん、人が生活をするのに電気が必要だし、生活廃水がでれば下水道がいるし、生きていればゴミがでるので処理する必要があるでしょう。では「不法占拠」のなかで、このような生活の基盤である行政サービスをどのように獲得したのでしょうか。

生活にとって欠かせない屎尿《しにょう》の処理は、地域に住んでいたバキュームカーの所有者が自主的に住民から費用を徴収して汲《く》み取り、市の清掃局に持ち込んで処分していました。ところが、市の汚物処理能力が限界となり、市は、正式な認可のない闇業者からの屎尿の受け取りを拒否したのです。その結果、地区では汚物を排出できない事態に陥りました。

そこで、市との交渉が始まります。市は「税金を払わない地区には行政サービスは行えない」という返答だったため、個人的に納税している住民が「わしら（税金を）払っている者はどうなるのか」と切り返します。すると、市は「みんなに払ってもらわなければ具合が悪い」というのです。市という公的機関から見た場合、地区が公的に存在しないコミュニティであり、国が財産管理の権限をもつ領域にあるため、市側は「不法占拠」地域への関与を固辞したのです。

それでも住民は「当地で住んでいかざるをえない」ことを根拠に陳情を行うと、市側から提案がなされました。それはこの地区に責任主体としての自治会をつくれば、汚物処理に当たるという方法でした。つまり、自治会を組織化してはじめて市は地区の住民と関係をとり結ぶことができる。そのとき、行政との交渉に当たったのが地区のFさんでした。このFさんは本書でいうキャラ立ちした人物でした。毎日Fさんが市役所に出向き、自治会が承認されたのです。

一方、交渉中も汚物処理は滞り、集落内に排泄物が残留する。すると事情を知らない住民が、「お尻に（排泄物が）つかえそうになるのをどうする」と、連日F家に怒鳴り込んできました。Fさんの奥さんは、「自分のウンコも処理できないのに、人のウンコのことで朝から晩まで毎日人が来るために、私たちは御飯も食べられない。うちらその日食べていくのが大切だから一所懸命働いて、ここから脱出する方が早い」とFさんに詰め寄ります。しかし、彼は「誰かがしなければいつまでも問題は解決できない」と、三カ月のあいだ住民を説得しながら嘆願の署名を集め、自治会として提出したのです。その結果、行政による屎尿の汲み取り作業が開始されることになりました。

ウンコは、日ごろ当たり前のように処理されていて気づきませんが、この地区ではそれが当たり前ではなかったのです。ウンコの処理は人間が生活をしていくうえで重要なのです。こうしたことも世界が開かれる一例といえるでしょう。

ムラにアスファルト敷けたら逆立ちしたる

汚物処理問題と並行して、道路の舗装化が地域の課題となりました。地区の道は、車が通ると砂ほこりが舞い、雨になると泥を練ったような状態だったからです。子どもたちが通学するのに不憫《ふびん》だということもあり、市に舗装化を要求します。案の定、市役所では門前払いでした。「住民が勝手に不法占拠しているところを、市が面倒をみる必要はない」という、つれないものです。

また、住民のあいだからも「ムラにアスファルトが敷かれたら、ムラの端から端まで逆立ちして歩いたる」と言われるぐらい、この要求は労力と時間の無駄であると思われていました。それに対してバカにされたと怒ったFさんは、「不法であってもできる」という使命感をもって、道路の舗装を実現するために五〇〇日間は市役所に座り込み、議員や職員が往来するなかでコミュニケーションを深め、三年かけて実現にこぎつけました。

また、防犯上必要な街灯を自前で一〇灯ほど設置し、それを自治会として申請し、市側が維持・管理するようになりました。これも当初は、市が不法を理由に拒否したのに対して、自ら設置し「既成事実」を示すことで、市がむやみにそれを放置できなくしたのです。

聞き取りをした市道路課は、「街路灯はたしかにあり、道路課で管理しています。おかしな話ですね。所有者（底地の地権者）の許可を得ないで行っているわけですから。けれども、住んでいる人はそれを必要とし、〝生活権〟の保障もあるなかで妥協点を見つけざるをえない」といいます。一見すると、国のものは国のものというふうにしっかりわかれているように見えるかもしれませんが、実際は住民と行政内部ではそういった境界がグラグラと揺れ動いていたのです。

空港敷地の公園化

ある住民が地区を出る際に土地の権利を自治会に明け渡したことにより、その土地の利用方法を自治会で決めることになりました。自治会の会合のなかで、「地区には広場がなく、子どもも多いので公園を作ろう」という結論になり、遊具設営と公園の見切り工事を市側が請負うかたちで造成されました。この「公園」では、盆踊りや焼き肉パーティーなど、住民相互の交流の場として機能していました。

「不法占拠」かどうかという法律にもとづく水準とは別に、暮らしに根ざした人びとの自前の理屈を根拠に、組織化された自治会は、市と交渉を重ねていきます。それにより、市は、「視覚（意識）化されたコミュニティ」である地区への関与主体となり、それに応じるかたちで生活に基盤をおく別の公共空間がたちあがっていくことになるのです。

以上フィールドの調査ノートを開けただけでも、とめどなくその地域の歴史が紐解《ひもと》かれます。つい懐かしくなって長く書き進めてきました。

世界の開き方に引き付けて言えば、普通の生活をしていれば、蛇口をひねれば水はでるし、水を流せばウンコは流れます。道路は舗装されているし、電気は普通に使える。このようなことを私たちはごくごく当たり前に享受しています。しかし、当たり前でありすぎるために、それを権利だとは思わないのです。この問題に限らず、世界にはまだまだその当たり前を自分の権利として受け取っていない人びとが数多くいます。そしてそういった人たちにはその人たちなりの生活の工夫があったのです。フィールドワークを通して、そのような世界を開いていくことが可能になります。

絶望的な貧困を支えたお地蔵さん

私が「不法占拠」を調査していくなかで一番気になったのは「お地蔵さん」でした。おばあさんたちとお茶を飲み、たわいもない雑談をしていた時のことです。彼女たちの会話のなかで、お地蔵さんに関する面白いエピソードが語られました。石好きの在日コリアンのAさんが、当時から四〇年以上前に近隣の社寺から石を拝借してきたのが事の始まりです。その石は当初、地べたの上に無造作に置かれた状態にありましたが、隣の市から来ている先祖供養が専門の俗にいう拝み屋さんがその石を見たところ、由緒正しい石で若いお地蔵さんであるというのです。

その後、祠《ほこら》が据えられて立派なお地蔵さんとして祀《まつ》られることとなりました。一時期、夏の地蔵盆の際には、一〇〇灯をこえる提灯がぶら下がったといいます。そこでは、民族的な踊りや歌などで村中が盛り上がりました。どうもこのお地蔵さんとこの不法占拠の地域の発展が人びとのなかで重ねてられていたようです。一見すると日本風にみえるこのお地蔵さんは、人びとにどのようにとらえられたのでしょう。

在日一世のオモニ（当時八〇歳）は、次のように当時の様子を語ってくれました。

「（地区が）火事なっても一軒、二軒と違う。火事なったいうたらもう火の海なる。普通の火事と違いますねん。私らも、迷信があるいうたらあるし、ないいうたらないけど。この神（お地蔵さん）さんがね、私らここに、私ら二〇（歳）でここに来て、私ら何にも知らんもんやから、これ神さんの石か、何の石かも知らんと、私ら洗濯する時ここで石で叩《たた》いてから洗濯しますねん。じゃーっと洗濯粉つけて、棒で叩いてオシメやらも全部洗うたり。そんなんした石が、結局このお地蔵さんの石ですわ」。

この話を不思議に思い、このオモニのお茶飲み友達である日本人のおばあさんに事情を聞いてみました。すると、彼女は、洗濯をした石とお地蔵さんの石は違うということを〝こっそり〟と調査者である私に教えてくれたのです。確かに、お地蔵さんの石は長さにして三〇センチ程度で、洗濯をするのにはどうみても不向きなようでした。

しかし、おばあさんはオモニの話を横で幾度となく聞いていて、その内容についてあえて「訂正」するようなことはしないそうです。それは友達がそのように信じているのだから、訂正するのはかわいそうだからです。

このようにフィールドワークでの聞き取りは、次々にどうしてそうなのか、疑問に思ったことを重ねて聞いていくことになります。これはアンケート調査と異なります。一回限りの調査ではないので、疑問を温めながら質問を重ねることができます。これは大きな利点です。

出世した粗末な石

このフィールドでいつものように彼女たちの話に耳を傾けていると、次のような会話が交わされていました。

おばあさん「最初は地べたにお地蔵さんを置いてましてん。それで子どもがお湯呑《の》みからみな、ままごととして遊ぶんよ。今度は一段上げたの、ちょっと高くしてん。それからその石を奉るようになってん」。

オモニ「そう、その石をね。ああ、うちらいつも洗濯したり踏んだり棒で叩いたりしてたのにな、こんだけ「出世」したんやなあ思うていつも涙出とったよ。やっぱり川のあんだけ粗末にした石をね、こんだけちゃあんと村に奉ってね、こんだけしたら人間にしたらそんだけ立ち上がって出世したってことでしょう、いうたら。そういうことを比べて勘案したら涙が出てくる。この石はこんだけ出世すんのにね、私らね貧乏でな、こんな思ったら涙出て」。

オモニは、自分たちの貧しい暮らしをその石にかこつけて語っています。お地蔵さんの石と洗濯の石を同じ石として意味を重ね合わせることで、自分たちが足で踏みつけて粗末にしている石が、一夜にして一段高い所に置かれて、「立派な」お地蔵さんの石に華麗に変身した、と解釈しているのです。この石を擬人化させれば、〝大出世〟したことになります。

その時に自分たちが置かれている状況と、将来に対する絶望のなかでのかすかな期待が、彼女の「真実」としてここでは示されているのです。つまり、友達のおばあさんが共感し事実を伏せるだけの真実とは、当時、自分たちが「貧困」で苦労してここまでやってきたという共通の経験そのものを指しているのです。この気持ちを聞くまで調査者である私は口を挟まずに我慢して耳を傾けていたのです。

オモニにとっては、お地蔵さんの石はもともとただの粗末にしていた石である（と思っている）ことは明らかです。しかし、ただ一段高い所にあがっただけなのにどうして単なる石は彼女に特別の石と思わせるようなものになったのでしょうか。

オモニ「この石、普通の石違う、こんな石もあんのかな、神さんの石かな思うけども、あの時はまだ若いさかい、どこまで神さん信じていいのか、神さんに手もあげん時やからね。子どもやもん。歳がだんだん行くさかい、自分の子どもが病気にならんと大きなってくれいうので、親の気持ちとして手合わせたりすんのと違いますか。ほんまにこの石祀りはじめ、お祭したですねん。その時はなんや知らんけどうちら悲しい。

この石でね、あほみたいにうちら子どものウンコやら洗うてする時は粗末でしょう。汚いのね、女たちが足洗うたり。そんでしていた石が「村の大将」なって、村の真ん中に家建てて奉っといたらね、ほんまに成功したでしょ、人間としたら。人間としたら金持ちになってね。それなのにうちら貧乏で粗末にしててね」

これまで人びとを苦しめていた地域の火災が、不思議なことにお地蔵さんが村に鎮座するようになってから少なくなったそうです。この不思議な出来事のからくりは、お地蔵さんの法要にきた拝み屋さんが、「この人が火をつけたのだ」とぴたりと言い当てたからです。

家はバラックで燃えやすく、さらに密集しているために、火災の発生は一軒の問題ではなく、まさしく村全体の問題でした。拝み屋さんによる予言によって、人びとの相互監視のようなものが働き、人為的な火災の発生を防いだのではないかと推測されます。

違法と不法を分ける、村の秩序

話を戻して、この「不法占拠」を突き動かしてきたものは何でしょう。彼女たちにとって「不法占拠」は、生きるための権利であり、当たり前のものです。その一方で、人為的な火災は許せない、という違法と不法を分ける明確な線引き、つまり秩序のようなものも存在します。人びとの暮らしそのものをダメにするものは違法なもので、生活基盤を支えるものは、不法ではあるけれども許されることになります。

ただし、火事をおこした犯人も、自分たちと同じ境遇で絶望的な貧困であるという点では変わりはありません。そのため単に責めることはできません。では、この相矛盾する心理状態をどのような形で解消するのでしょうか。

そこで登場するのが、自己／他者という二者関係を一気に解消させるような「神様」

という第三の存在です。お地蔵さんを介在させることで、他者をきつく断罪するのではなく、やらないほうがよいというような緩やかな形で自然と火災が減り、「村の秩序」が生成されていきます。

私たちはこのような形で、フィールドのなかから生み出されるパワーの源泉を発掘し、社会の仕掛けを明らかにすることができます。ここで明らかにしたことは、権利は法のもと社会にあらかじめあったものではなく、必要に応じて人々が社会に訴えかけ、ルールの線引きを押したり引いたりしながら獲得してきたということです。

この地域では、子どもを病院に行かせるお金がなかったり、消防車を呼ぶことができずに火災がひろがったりする時代もありました。こういった悲惨なことを彼女たちは経験してきたからこそ、自分が洗っていた粗末な石だと思いつつも、半信半疑ながらも、その石が自分たちにご利益をもたらす特別な神様の石だと信じようとしたのです。

お地蔵さんは、祭りや信仰という文化的なものとして広められていきます。ただし、このお地蔵さんは、単に宗教的な信仰的意義にとどまらず、字義通り土地を治めるものとして認識されるようになります。毎年地蔵盆の際には、即興で音楽に合わせて踊りの奉納がなされたりします。

この話を聞いたある学者は「法がグラグラ揺れているね」と評しました。人びとの日々の営みは、結果として、空港敷地であるということや法そのものを打ち消すリアリティとして立ち現れてきます。こうした心（神）的空間は、政治的にも経済的にも保障されていない絶対的な剝奪状況のなかでできあがったものです。

そして、お地蔵さんが象徴するものは、自分たちが帰属する規範的集団（貧しい自分たち）であり、自分たちがこれから所属したいと願っているこれから先の所属集団（豊かになりたい）でもあります。

その後、この地区の暮らしは、単なる石ころが立派なお地蔵さんに変化したのと同じように、バラック小屋から木造や鉄筋コンクリートの家々に変わっていきました。そして現在、不法占拠状況が解消され、先に説明したような移転補償を受け、防音設備の整った市営住宅へと変貌していきました。

このフィールドでの調査からは、調査の上で乗り越えなければいけない課題が見えてきました。それは「べき論」の禁止です。ともすれば自分の立ち位置から「〇〇すべの」と語ってしまうことがあります。そこからは、すでに与えられた権利を当然のものとして受け入れたうえで、法律上与えられるべきではないという結論を導きがちです。つまり、空港の公共性の高い土地を不法占拠す「べき」でないといってしまえば、ここでの詳細は見えてきません。

かといって、在日という人権の権利として守られる「べき」というべき論に立ったとしてもこの「不法占拠」の公共性を説明することはできません。

この地区でフィールド調査を進める際に、最初に聞き取りに行くと、「在日のこと聞きに来たんやろ」という形で、話が一方的に始まることがありました。しかし、私は「不法占拠」の成り立ちやそこでの考え方に興味があったので、しばらくたつとそこに話を振り始めます。すると、あれだけたくさん語っていたと思えないほど、急に口が重たくなるのです。

そこには、ある種、調査者と調査される側という固定化された語りの定型化があったのではないかと考えるようになりました。つまり、調査者である私が来る前から、在日コリアンの語りが横たわっていたともいえるのです。逆にいえば、在日コリアンを一端括弧にくくることによって、見えないものがあることもわかってきました。

そのような自分が持っているラベルという色メガネを外して真っ新《さら》な眼差しで対象を捉えることがどこまでできるのか、忍耐が問われることになります。

この「べき論」の禁止を課すことで、社会で弱いとされている彼ら彼女らの豊かな営みと、それにもとづくより良い社会とは何かを考えるための道筋、ひいては世界の開き方について、自分たちの手で実感をもって探り出すことができることでしょう。

第8章　心地よい社会からの脱出——二重の世界を生きる

ゲーテッドコミュニティ

私が東北から関西に移住することになったときに、住む場所を探すために不動産屋さんといろんな地域を回りました。どうやら環境の良いところを私のために用意してくれているようで、閑静な住宅街を勧めてくれました。治安の悪さを避けて、中高級住宅街などの閑静な場所を選んでくれているようでした。

しかし、お勧めの場所は無機質で閉じ込められているような圧迫感をどこかで感じました。あまり人が生き生きとしている気がしなかったのです。

私の原風景は、下町の商店街で親が小さな書店を開いていたこともあって小銭が行きかうような世界でした。そのため、世間話などの日常会話がいたるところにありました。

騒がしくいつも忙《せわ》しない日常生活が眼前にあったのです。

この経験から、勧められた地域は、壁はありませんがゲーテッドコミュニティ（gated community）のようで不安だったのです。ゲーテッドコミュニティとはゲート（門）を設け、周りを塀や壁などで囲み、居住している人以外の敷地内への出入りを制限することで防犯性を向上させたコミュニティです。交雑のような街を楽しんできた私としては、それがない閑静なところに違和感を覚えたのだと思います。

ゲーテッドコミュニティのような分断は何をもたらすのでしょう。たしかにこのような環境のもとで育った子供は安全かもしれませんが、逆に耐性がついていないことが多いでしょう。自己の延長を拡張したようなコミュニティは異なる他者を包含することがなく、多様性を排除するような世界観を築く可能性があります。このような心地のよい社会からいかに距離をとるかが、この章のテーマとなります。

社会学者の宮原浩二郎《こうじろう》さんは、『〈感性的なもの〉への社会学』（関西学院大学出版会）のなかで私たちの五感に引き付けて街の違いを考えています。一九九五年に発生した阪神・淡路大震災の復興の過程で、大規模再開発の街と壊滅を免れ修繕や一部改築でこれまでのあり方を維持した街の違いについてフィールドワークを続けるなかで見出しています。

前者は、監視カメラが目に入り、防犯アナウンスの再生音が入る以外は、奇妙な「静けさ」と不透明さが漂っているといいます。広々と明るく照らされ、フラットな歩道がある、真新しい商店街では、買い物客が歩いているものの、身体の動きや顔の表情、会話する声が結びつき絡み合うことがないのです。

さらに、新装のスーパーは、モノや商品が即時に解読可能な記号として陳列されていて、奇妙なほどに「透明な」空間になっています。ただし、生理的感覚としては快適で、安全安心をうたっていて道徳的な快（感）を保証しています。

他方、後者の場合は、商店街のお店では、食材や日用品が溢《あふ》れんばかりに置かれ、商品台からこぼれ落ちそうになっています。食べ物や花々の匂いが混ざり合い、互いに呼びかける声や、自転車のブレーキ音や人々の足音などが縦横無尽に交雑し反響します。それらは五感を揺さぶり、想像力を誘い出すような「リズミカルな振動」があります。さらに個々の事物が何のためにあるのか、人々の言葉や行動が何を意味しているのか、一見すると読み取りにくいので、前者と比較すると「不透明」だといえます。この場では、感性的快を重んじているといえるでしょう。

また、宮原さんは、前者の透明さの背景には、公共空間における安全安心や快適さの追求、商業活動の合理化や標準化の加速があると考えます。他方、リズミカルな振動のある街には、地域社会の自律性や自治、日常生活の遊戯性を背景として考えることができるといいます。

先ほど私の住処《すみか》探しのなかで感じた違和感はこうしたところに依拠しているといえそうです。ちなみに、私が育った商店街は隣駅の再開発を参考に何度も拒否をしながら一周遅れの開発として賑《にぎ》わいを辛うじて維持しています。

なめらかな社会とごつごつした社会

考えてみれば、現在私たちは、かつてないほど居心地のよい世界に生きています。私には小さな子供がいますが、子供が泣かないようにするための仕組みがさまざまなところに張り巡らされています。ＡＩを搭載したエアコンに、濡れた感触のないオムツ、泣き止ませるための音やオモチャなど。共働き世帯は、忙しいために背に腹はかえられず、そのようなものを利用することは多々あるでしょう。

テレビからiPadやスマホの時代になり、映像に釘付けになって、目を悪くしたり、頭痛を抱える若年層が増えていると聞きます。ある小学校の先生は、前列を希望する児童が多すぎてこれ以上前席を用意できないと嘆いておられました。私が教えている学生にもイヤホンの使い過ぎでマックスに音量を上げないと音が聞き取れない人もいます。

さらに、ＳＮＳは、「いいね」の数で自己が認められたかのような錯覚を生み出しました。そして心地よくない相手をブロックという形で遮断し、他者性を排除するようになりました。

心理学の世界では有名なスキナーボックスという実験があります。それは箱に絶食させたネズミを入れ、ブザーが鳴ったときレバーを押すとエサがもらえるようにしておきます。すると、ネズミはブザーの音に反応してエサがなくてもレバーを押すようになるというものです。スキナーボックスのネズミようなかたちで、ＡＩは人間の行動に先んじて、個人の好みを分析して増幅させるように働いています。

このように、環境が生理的に快な状態にしてくれる仕掛けは、私たちの主体性を奪っているのかもしれません。しかも、そこから抜け出すことが難しくなっています。ウォシュレットトイレで育つと、第1章で紹介したようなブータンのトイレには不快感しかなく、それを「未知の荒野」のものだと認識しなくなる可能性もあるでしょう。

ある授業でアンケートを取ったところ、「あなたは今自分自身「生きづらい」と感じていますか」という質問に対して、「大いに感じている・まあまあ感じている」と答えた学生が五九％（三六五人）なのに対して、「まったく感じていない・そんなに感じていない」と回答した学生が四一％（二五六人）と真っ二つにわかれました。

前者を「なめらかな社会」の住人、後者を「ごつごつした社会」の住人と呼ぶことにしましょう。このネーミングは社会学者の奥村隆《たかし》さんが『社会学になにができるか』（八千代出版）のなかで名付けたものです。当たり前や常識を身につけ、社会に所属することは、「ごつごつしたもの」から「なめらかなもの」になることを意味します。奥村さんは、われわれを包み込むように、社会がなめらかになって居心地がよくなる一方で、それによって、ここに確かに社会があるという実感が、少しずつ感じられなくなってくるといいます。

なぜ生きづらいのかというアンケートの理由を意訳して紹介すると、なめらかな社会に住んでいる人は、「私は比較的裕福な家庭で育ったと思うので、「生きづらい」とあまり感じない」、「食べるものにも住む場所にも困ることはなく、とても恵まれていると思うから」というものでした。なめらかな社会では、他者へ関心が低く揺るぎない自分を確立しており、生きづらいと思うことが少ないのかもしれません。

それに対してごつごつした社会で生きづらさを感じている人は、「周りを気にして常に人とつながっていることを強要されて疲れるから」や「多様性を受け入れる社会でまだまだ少数者が受け入れられるような社会にはなっていない」というものでした。

常に世界にぶつかるたびにごつごつあたってひっかかりがある人は、その居心地の悪さに「センサー（察知能力）」を働かせて他者性を意識することになります。

フィールドワークはあえてこの他者性を意識するためにごつごつした社会に飛び込むことになります。

二重の世界の位置取り

ただし、フィールドワークにおいて、インタビューする時、まったく自分の知らない人に聞き取りをしてそれをまとめただけでは他者性を意識することはできないでしょう。他者性を意識するためには、他者を〝中途半端な〟形で意識化する必要がでてきます。

社会学のインタビュー法に従えば、単純に誰かの話を聞き取っただけではそれは社会を記述したことにはなりません。誤解を恐れず言えば、よく社会学は詐欺学とも称されることがあります。詐欺の世界の本質はまさに二重の世界によって彩られているからです。世界を二重に捉えることによって、他者性を意識することができるのです。少し複雑な話になってきたので、具体的な話から見ていきましょう。俳優の山下智久《ともひさ》さんが主演した『クロサギ』というテレビドラマがありました。これは善良な市民をだます詐欺師を、かつて詐欺のカモにされて家族を失ってしまった主人公の黒崎が詐欺師（略してクロサギ）となってだまし返すというものです。このだまし合い、化かし合いはみものです。

詐欺師は、「二重の世界」を生きています。ひとつは世間《せけん》と呼ばれる社会空間です。そこはわたしたちが生活を営んでいる日常空間で、倫理や道徳がかねそなえられています。もうひとつは、自分（たち）で状況を演出した虚構の現実（社会空間から区別された世界）です。わたしたちは、前者の世界でほのぼのと生活しています。詐欺師は自分が演出した後者の世界を「一見それらしくみえる」ようにするために、前者の社会空間をよそおいます。ただし両者の境界はそれほど明確ではなく、境界をできるだけぼかしたほうが詐欺師にとっては都合がよいわけです。いわば自分もだませなければ、詐欺としても成功しないのです。

この詐欺の二重性を表すものに、詐欺師として有名なカサノヴァの事例を紹介しましょう。イタリアのプレイボーイとして知られるカサノヴァは、あれこれ策略を弄して、オカルト術の権威になりすまします。真夜中に彼は魔術師の服を着て、地面に円を書き、これは魔法の円であると告げてぶつぶつと呪文を唱え始めます。ところがまったく予期しない事態が生じます。にわかに嵐がまき起こり、稲妻が光り、雷鳴が轟《とどろ》きわたったのです。

カサノヴァは、この雷鳴が単なる自然現象にすぎず、偶然に起こったにすぎないと知っていました。それでも彼はパニックに陥ります。それは、この雷鳴は自分が神を冒瀆《ぼうとく》して魔法をもてあそんだことに対する天罰である、と信じたからです。

彼は無意識に自分の描いた魔法の円に飛び込み、ほっと安堵《あんど》します。「わたしは恐怖に囚われ、魔法の円の中にいれば雷に打たれないであろうと確信した。この贋《にせ》の信仰がなかったら、あの場所に一分たりとも留《とど》まることができなかっただろう」と言いました。

要するに、彼は自分の詐欺のカモになったといえます。ミイラ捕りがミイラになったのです。詐欺は自分自身も欺かなければ成り立たない世界。ウソの世界をホントウの世界に仕立てる必要があるのです。

ただし、自己と他者の境界をぼかしながら詐欺師は二つの世界を意識化して生きていますが、その反面で、無意識のうちにその二重性を消し去ってもいるのです。このことはフィールドワークに通じる話です。

フィールドワークにおけるインタビューでは、自己の世界と他者の世界を往復しながらコミュニケーションをはかっていきます。そこで自己と他者の二つの世界の境界が消えていくこともあるのです。

二重の世界は、なめらかな社会からはなかなかでてきません。社会がごつごつとしたものであると認識したときにでてくるのです。

私は小学校の頃よく熱を出して一週間くらい学校を休んでいました。すると面白いことを発見できました。友達仲間からきれいに外される経験をすることになります。外されるというのはイジメみたいに聞こえるので正確にいうと、病気でいつ戻ってくるかわからない私のために友達づくりを積極的に他の児童が組むようなことはないという意味です。すると、教室に戻ってきても、私がいてもいなくてもよい世界がそこに成立していることになります。この時、私は社会の二重性を意識することができたのです。私のいる世界といない世界が共存していて、普通に学校に行っている他の児童にとってはそのようなことは奇妙には見えなかったことでしょう。

架橋するフィールドワーク

フィールドワークは、ごつごつとした社会となめらかな社会を架橋する可能性があるものです。

その事例を学生の調査（金菱清ゼミナール編『五感でとらえなおす阪神・淡路大震災の記憶』関西学院大学出版会）から紹介しましょう。

阪神・淡路大震災発生時まだ生まれていない学生たちが、この震災が人々の五感（嗅覚・（非）視覚・味覚・触覚・聴覚）にどのように残っているのか、フィールドワークを通じて明らかにしようとしました。その結果、その記憶はとてもリアルなものとして立ち上がってきました。

学生は、視覚障碍《しょうがい》者のように視覚という感覚が閉ざされた当事者が震災をどのように知覚し、どのように避難し、どのように復興を捉えたのかを調べました。

全盲の男性は地震発生当時、神戸の盲老人ホームで宿直勤務をしており、今でも当時のことを鮮明に記憶にとどめていました。仕事は午前六時から開始でしたが、その日は五時から起きて利用者の世話をしていたところ、五時四六分に地震が起きました。

「「ドーン!」言うてね、爆弾が落ちてきたみたいやった」

近くにあった大きな冷蔵庫が跳ねて倒れてきたり、防火扉が閉まったことに気づかずぶつかって怪我をしたり、スプリンクラーが誤作動していたり、その人自身も命の危機を身近で感じました。また、キュービクルと呼ばれる非常電源が入ったことで、被害状況をテレビやラジオから把握し、とんでもないことが起きていると実感します。安否がわからなくなった職員のハイツを見に行った時も、建物自体は建っているけど、基礎がぐちゃぐちゃになっていることを周りの人から聞かされました。

全盲の方は聴覚や触覚で起きていることを感じ取っているはずですが、まるで実際に見たかように話していたのが印象的でした。この一種の違和感からフィールドワークが発動します。

ある視覚障碍者は、スーパーで見知らぬ人に声を掛けることができるようになったことが自分にとっての復興だと答えました。震災直後は人に声を掛けられないほどギスギスした人間関係だったのに、やがて時が経ち他の人に対して優しい声を掛けられるようになりました。つまり、心の余裕ができたのです。視覚障碍者の（視覚ではない）センサーを通して感知していることを学生が聞き出してきたのです。

炎上する街を遠くからとらえた航空写真では、地上の人びとが豆粒のように見えます。被害の広がりは強調できますが、個々の生命の損失は見えにくいものになります。

航空写真のように視覚化する技術が発展することで、視覚が優位になり、人びとの認識に大きな影響力を持っています。しかし、先のようなインタビューをみると、その視覚優位性がゆらぐことになるでしょう。

学生が聞き取りをしていくうちに、視覚障碍者は、復興の印象が強くないことがわかってきました。その理由として、視覚障碍者が常日頃から経験している〝小さな被災〟が関係しているのではないかと推測をたてました。

この〝小さな被災〟とはいったい何か。学生が聞き取り調査を行った対象者の一人と街を歩いた際、晴眼者では感じられない、感じても何も思わないような匂いや音、傾斜を目印に視覚障碍者が生活していることがわかりました。匂いや音などの目印は存在しないこともあるため、視覚障碍者の認知地図が欠落することも多々あります。それを小さな被災と呼んでいます。

日々変わりゆく社会を視覚以外の五感を活用して把握し、認知地図を作り出していくには、小さな被災を繰り返し行い、視覚が無いために強く感じる自己防衛の感情があったというのです。

災害と同様、認知地図の崩壊を日常的に受け、復興させている視覚障碍者は、災害というものが常に身近であり、かつ日常として習慣化されているため、大きな地震や災害に巻き込まれても日頃から培った免疫で環境に順応できやすいのでしょう。

以上長々と話してきましたが終わりが近づいてきました。

ここまで読んでもらって、〝居心地の悪さ〟や心のザワツキを感じたら本書は成功ではないかと思っています。それはパンツにたとえることができます。今私の子供はちょうどオムツが取れそうな時期ですが、なかなか取れそうにありません。いまの紙おむつはすべて水分を吸収してくれるのでたいへん気持ちがいいわけです。そこでトレーニングパンツをはかせてわざと居心地の悪いことをさせてトイレに誘導しています。

今の社会はこの紙おむつに似ています。たいへん心地よいけれども、いつまでも赤ちゃんから大人に脱する機会を逸しているのかもしれないのです。あえて本書では居心地の悪いことをフィールドワークを通じて引き起こし新しい世界の開き方を提示してきたのはそのためなのです。

おわりに

本書を読んで少しでもフィールドワークに興味をもっていただければそれにこしたことはありません。読んでもらえばおわかりのように本書はハウツーのような、「これをしてあれをしましょう」みたいな「トリセツ（取り扱い説明書）」の形態をとっていません。

フィールドワークの成果物は、たとえてみれば水族館の見学みたいなものです。最近よくあるツアーに職員が働いている水槽の裏側から見るものがあります。あるいはナイトツアーなどがあります。少し違う角度から普段接しているものをみることで世界の拡《ひろ》がりを体感するものに近いといえます。

いつから私たちは疑問を持たなくなったのでしょう。小さい頃は親になぜなぜという質問攻めをしていたと思いますが、いつの頃からか世界はこういうものだと急速に縮小して半径五メートルの世界がすべてのようになっていないでしょうか。

フィールドワークで「他者」を知り、あえて居心地の悪い、ザワツイてごつごつとした世界と出会いましょう。好奇心に満ちた世界の拡がりを実感してみてはどうでしょうか。

最後になりますが、筑摩書房の橋本陽介さんには、手書きで熱のこもった今回の企画の手紙をいただき、楽しく書き進めることができました。

また時期として偶然にも四條畷《しじょうなわて》高校を訪れる機会を得て秦有希《はたゆき》先生を窓口としてアドバイスを得ることができました。高校入学に合わせて弟の息子の優太くんにも読んでもらい、中高生向けの本書を世に送ることができました。どうもありがとうございました。

ちくまプリマー新書471
フィールドワークってなんだろう

二〇二四年十月十日　初版第一刷発行

著者　金菱清（かねびし・きよし）
装幀　クラフト・エヴィング商會
発行者　増田健史
発行所　株式会社筑摩書房
東京都台東区蔵前二‐五‐三　〒一一一‐八七五五
電話番号　〇三‐五六八七‐二六〇一（代表）
印刷・製本　中央精版印刷株式会社

ISBN978-4-480-68497-4 C0230 Printed in Japan
© KANEBISHI KIYOSHI 2024
乱丁・落丁本の場合は、送料小社負担でお取り替えいたします。
本書をコピー、スキャニング等の方法により無許諾で複製することは、法令に規定された場合を除いて禁止されています。請負業者等の第三者によるデジタル化は一切認められていませんので、ご注意ください。